U0619121

大学生
马克思主义历史观
教育研究

冯春 著

RESEARCH ON
THE EDUCATION OF MARXIST VIEW OF
HISTORY FOR COLLEGE STUDENTS

社会科学文献出版社
SOCIAL SCIENCES ACADEMIC PRESS (CHINA)

目　录

绪　论

一　研究目的及意义

（一）研究目的

中国共产党自 1921 年成立以来，已经走过了百余年的光辉历程。百余年来，中国共产党始终为了践行初心使命而不懈奋斗，始终为了人民幸福、民族复兴而进行理论创新，始终为了保持先进性纯洁性而不断加强自身建设。百余年来，中国共产党始终站在时代潮流的最前列，始终站在攻坚克难的最前沿，始终站在最广大人民之中，展现了中华民族伟大复兴的光明前景。中国共产党坚持运用马克思主义科学世界观武装头脑，用辩证唯物主义、历史唯物主义的立场、观点、方法观察并解决问题，领导人民在革命、建设、改革的伟大征程中披荆斩棘、砥砺前行。进入新时代，坚持和发展中国特色社会主义，需要我们总结历史成就与历史经验，把握人类社会发展规律，从历史中汲取前行的力量。马克思主义历史观的创立为人们认识世界、推动世界历史进程提供了基本遵循和价值导向。我们要充分掌握历史唯物主义基本原理和方法论，才能更好认识历史发展规律，把握党和国家事业发展大势。

大学生作为中国特色社会主义事业的建设者和接班人、实现中华民族伟大复兴的主力军、时代发展的后备力量，必须树立正确的历史观，从总结历史和传承历史中坚定理想信念、传承初心使命、担当时代重任，自觉做到"学史明理、学史增信、学史崇德、学史力行"①。马克思主义历史观教育是马克思主义理论教育的重要组成部分，必须抓好理论教育这一关键环节，引导大学生学会运用马克思主义立场、观点、方法分析问题，提升理论辨析能力，从而拧紧世界观、人生观、价值观的"总开关"。世界观是关于世界的根本看法，历史观作为世界观的组成部分，对人生观、价值观的形成具有重要作用。马克思主义历史观教育能够引导大学生树立共产主义远大理想和中国特色社会主义共同理想，培育大学生正确的人生观、价值观，帮助大学生坚定"两个必然"，坚定理想信念。

改革开放以来，西方社会思潮不断对我国意识形态领域进行渗透。历史虚无主义、民粹主义、"普世价值论"等社会思潮泛滥，给中国特色社会主义建设带来不良影响。以唯心史观为基础的历史虚无主义思潮对世界观不完备、是非判断能力不足的大学生造成迷惑，动摇大学生对马克思主义的信仰，甚至容易导致大学生误入歧途。"历史是最好的教科书，也是最好的清醒剂。"②能否树立正确的历史观是意识形态领域的一个重大问题。马克思主义历史观是批判历史虚无主义的一把利刃，因此，我们要加强马克思主义历史观教育，引导大学生树立正确的历史观，更好地批驳和抵制历史虚无主义，牢固增强"四个意识"，坚定"四个自信"，做到"两个维护"，拥护"两个确立"，从而科学总结历史经验，汲取历史教训，把握历史趋势，开创美好未来。

（二）研究意义

高校是组织开展思想政治教育的主阵地，把马克思主义历史观教育融入高校思想政治教育中，能为国家培养出更多的人才。进入新时代，马克思主义历史观教育得到进一步深化与加强，在很多方面取得了成就，但依然存在一些问题。本研究将大学生作为研究对象，研究大学生马克思主义历史观教育的相关理论，分析开展大学生马克思主义历史观教育的必要性，论述大学生马克思主义历史观教育的内容，并结合问题提出加强大学

① 习近平：《在党史学习教育动员大会上的讲话》，人民出版社，2021，第11页。
② 《习近平著作选读》第2卷，人民出版社，2023，第376页。

生马克思主义历史观教育的对策。

1. 理论意义

第一，有利于深化对社会发展趋势和规律的认识。马克思恩格斯揭示了社会主义必然代替资本主义的历史规律。长期以来，中国共产党人始终遵循共产党执政规律、社会主义建设规律、人类社会发展规律，不断推动革命、建设、改革事业向前发展。进入新时代，我们应当以马克思主义历史观为基础，敏锐把握社会发展趋势，结合我国社会实际，制定正确发展战略，进行科学决策。因此，在新时代背景下，对马克思主义历史观进行研究，有利于我们更好地认识把握社会发展趋势与规律，不断强化问题意识。

第二，有利于深化对中国共产党百年历史经验的理解。了解历史才能看得更远，理解历史才能走得更远。中国共产党带领人民在社会主义革命、建设、改革中取得了独创性理论成果和巨大成就，为我们在新的历史时期发展中国特色社会主义提供了宝贵经验。我们要认清我国基本国情与发展大势，掌握发展的主动权，就要十分珍惜我国在革命、建设和改革的长期实践中积累的宝贵经验。本研究对中国共产党百年历史进行梳理、总结，有助于我们深刻理解中国共产党领导人民实现国家富强、民族振兴、人民幸福的百年历程，深化对中国共产党百年历史经验的认识。

第三，有助于丰富和发展马克思主义教育理论。当前，马克思主义教育理论体系包括"辩证唯物主义和历史唯物主义的教育观、人的全面发展观及教育与生产劳动相结合的教育思想、'面向实践'的教育学研究取向"① 等内容。作为一个开放的理论体系，马克思主义教育理论必然会随着时代、实践以及科学的发展而不断充实、丰富。在新的历史时期，我们要整合并丰富学界关于马克思主义历史观教育的理论成果，推动马克思主义教育理论发展，为理论研究作出贡献。因此，我们需要以马克思主义历史观为理论前提，将大学生马克思主义历史观上升到教育层面进行研究，

---

① 宣小红、史保杰：《教育学研究的热点与未来展望——对 2020 年度人大复印报刊资料〈教育学〉转载论文的分析》，《教育研究》2021 年第 3 期。

这样有利于对马克思主义教育理论的继承发展、丰富创新。

当今时代，关于马克思主义历史观教育的理论研究还有很多尚未解决的问题，这种现象影响着思想政治教育的实际效果。大学生马克思主义历史观教育研究是对大学生思想政治教育研究的创新，也为高校思想政治教育研究开辟了新的领域，有利于高校意识形态工作的进行，推动高校思想政治教育研究向纵深发展。

2. 实践意义

第一，有利于启发大学生学思践悟，坚定理想信念，增强"四个意识"，坚定"四个自信"，做到"两个维护"，拥护"两个确立"。"四史"教育是马克思主义历史观教育的重点，只有以唯物史观为基础，认识历史、正视历史，在把握社会历史发展规律的同时汲取历史经验，才能树立起坚定的理想信念。我们要通过系统、科学的教育，帮助大学生知史、明史，做到"学史明理、学史增信、学史崇德、学史力行"①。对于大学生而言，要通过历史学习获取理论知识，明确马克思主义是与时俱进的科学真理，厘清党的思想理论发展的脉络，坚持用理论武装头脑、指导实践。同时，大学生要从历史中汲取奋斗力量，在学习过程中提升自身的素养，培育良好的世界观、人生观、价值观，牢固树立为国家和民族发展做贡献的远大理想，强化责任担当意识。

第二，有利于教育大学生旗帜鲜明反对历史虚无主义。伴随着信息技术的迅猛发展，互联网得到深度普及和广泛应用，各种思想文化、价值观念借由网络在社会上传播，一些错误思潮利用各种信息传播途径进行反对马克思主义的意识形态渗透，不断攻击党的执政领导地位，企图割裂破坏党和人民的血肉联系。其中，历史虚无主义思潮企图用错误的历史观点迷惑高校大学生，动摇其马克思主义信仰。马克思主义历史观教育能够使大学生学会运用马克思主义历史观来观察历史和认识现实，从而提升其历史使命感和历史责任感，旗帜鲜明反对历史虚无主义，坚定不移地听党话、跟党走。因此，研究大学生马克思主义历史观教育，有助于促进大学生的

---

① 习近平：《在党史学习教育动员大会上的讲话》，人民出版社，2021，第11页。

全面发展，使他们不被任何错误的思想和理论动摇，有效应对我国意识形态领域的复杂局面。

第三，有利于引导大学生认清历史发展的主题主线、主流本质。为了完成民族独立、人民解放、国家繁荣富强、人民共同富裕的历史任务，中国共产党团结带领全国各族人民不断奋斗，这是党的历史发展的主题和主线。开展马克思主义历史观教育，能够使大学生认清历史发展的主题和主线，拥护中国共产党的领导，认识中国选择社会主义道路的历史必然性与实现中华民族伟大复兴的历史必然性，从而积极自觉地投身于中国特色社会主义伟大事业。理论知识若想具备鲜活的生命力，唯有深入实践。大学生只有牢牢把握住党史、国史的主题和主线、主流和本质，才能正确看待历史，认真对待现实，以史为镜、以史明志，牢牢把握当代中国所处的历史方位，对中国特色社会主义伟大事业有更加深入的理解与认识。

总之，本研究可以深化对社会发展趋势和规律的认识，深化对中国共产党百年历史经验的理解，丰富和发展马克思主义教育理论，也有利于启发大学生学思践悟，坚定理想信念，增强"四个意识"，坚定"四个自信"，做到"两个维护"，拥护"两个确立"，教育大学生旗帜鲜明反对历史虚无主义，引导大学生认清历史发展的主题主线、主流本质。

二　选题研究现状

（一）国外研究现状

1. 关于马克思主义历史观的研究

20 世纪以来，西方很多学者从各个角度对马克思主义历史观进行了不同层次的研究。一些西方马克思主义者专门对马克思主义历史观的基本理论进行研究，还有一些研究者从各学科出发，站在不同立场在著述中对马克思主义历史观进行分析。

关于历史和阶级关系的研究。早期西方马克思主义代表人物匈牙利学者格奥尔格·卢卡奇（Georg Lukács）提出了意识形态的革命，在其论著中力图创新性地理解马克思主义，强调马克思主义理论对于实践的指导意义，提出马克思主义的实质是对于黑格尔辩证法的改造。他指出，把辩证法理解为总体性，用无产阶级的阶级意识取代"绝对精神"，可以有效破除资本主义物化的魔法，推动世界革命全面改造现代文明社会。① 意大利学者安东尼奥·弗朗切斯科·葛兰西（Antonio Francesco Gramsci）将历史唯物主义理解为实践哲学，把实践放在核心地位，强调实践哲学改造意识形态的特征，认为实践哲学更多的是意识形态的斗争。葛兰西将社会结构做了新的划分，将上层建筑分为市民社会与政治社会，指出拥有独立市民社会的西方国家的无产阶级应该通过革命首先取得市民社会的领导权。

关于历史唯物主义的概念解读。美国学者赫伯特·马尔库塞（Herbert Marcuse）站在人本主义角度，对历史唯物主义加以分析，他指出历史唯物主义是一种实践基础上的哲学批判理论，也是一种劳动基础上的感性本体论。② 德国学者尤尔根·哈贝马斯（Jürgen Habermas）提出，历史唯物主义要想重新成为一种富有生命力的、普遍化的社会进化理论并达到它原来所确立的目标，就必须重建。他系统分析了关于历史唯物主义的评价问题、关于社会进化的动力问题、关于社会制度的生命力问题以及对话在社会进化中的作用，指出历史唯物主义的历史经验表明，缩手缩脚地固守纯哲学的媒介，以及为了科学的实证性全盘放弃哲学反思这两种做法都是危险且不可行的。③ 他认为，对历史唯物主义进行批判性解读的方式是对其进行重建。法国学者汤姆·洛克莫尔（Tom Rockmore）探讨了哈贝马斯与马克思和马克思主义之间的关系，指出其一般性的思想中具有理论重建和理论替换这两大特性。④ 他认为，哈贝马斯把历史唯物主义解读为一种具

---

① 〔匈〕卢卡奇：《历史与阶级意识——关于马克思辩证法的研究》，杜章智等译，商务印书馆，1992。
② 复旦大学哲学系现代西方哲学研究室编译《西方学者论〈一八四四年经济学—哲学手稿〉》，复旦大学出版社，1983。
③ 〔德〕尤尔根·哈贝马斯：《重建历史唯物主义》，郭官义译，社会科学文献出版社，2000。
④ 〔法〕洛克莫尔：《历史唯物主义：哈贝马斯的重建》，孟丹译，北京师范大学出版社，2009。

有实践意图的历史理论。

关于马克思主义历史观对黑格尔辩证法的批判继承。法国学者路易·皮埃尔·阿尔都塞（Louis Pierre Althusser）提出"结构主义马克思主义"，对"人道主义马克思主义"进行批判。他认为，历史是无主体的过程，历史的本质和动力不是人的本质，而是由各生产要素结合而成的生产关系和社会关系，而历史关系本身并不能成为主体。他提出与历史主义相反的历史结构和发展理论，指出马克思在继承黑格尔历史观的同时，对黑格尔的思想进行了扬弃。德国学者卡尔·施密特（Carl Schmitt）认为，虽然马克思的思想不同于黑格尔，但历史唯物主义和辩证法都起源于黑格尔的思想。他提出"无结构的历史还是无历史的结构"的问题，批判结构主义对历史的漠视及割裂历史和结构的观点，探讨马克思主义的历史理论对黑格尔辩证法思想的批判继承，论述了历史和结构的统一。法国学者让-保罗·萨特（Jean-Paul Sartre）用批判性的人本学重建历史唯物主义。他将个人活动纳入历史考察中，创立个人辩证法，将个人经验作为辩证法的来源，并用人学辩证法阐释了自由与历史、思维与实践、个人与历史整体化的统一。

关于唯物史观几个基本概念的认识。德国学者卡尔·科尔施（Karl Korsch）从不同的维度对马克思主义的内容和哲学的关系加以研究，强调要恢复马克思主义的哲学本性。他将历史唯物主义理解为自然与社会、生产力和生产关系、经济基础和上层建筑三种关系，认为生产力和生产关系是社会革命的深层基础。英国学者 G. A. 科恩（Gerald. A. Cohen）指出历史从根本上讲是人类生产能力的增长，社会形态依其能够实现还是阻碍这一增长而兴起和衰落。科恩重点分析了生产力与生产关系、经济基础与上层建筑这两组基本关系，并通过对权力和权利问题的探讨，解决了唯物史观的"合法性"危机。他提出"发展命题""首要命题"，以及功能解释，以期恢复唯物史观的权威性。[①] 美国学者威廉姆·肖（William H. Shaw）以分析学派的观点着重分析了生产力和生产关系的概念，分析了前资本主

---

① 〔英〕G. A. 科恩：《卡尔·马克思的历史理论——一种辩护》，段忠桥译，高等教育出版社，2008。

义的演进过程，认为马克思的历史理论是"技术决定论"，旨在重建马克思关于资本主义的反思，目的是要把历史唯物主义当作以经验为根据的理论。① 法国学者阿尔都塞论述了马克思在创立历史唯物论时所实现的认识论的飞跃和革命，指出了历史唯物主义同马克思以前的唯物主义和唯心主义意识形态诸如"人本主义""经济决定论"等的根本分界。阿尔都塞运用"征候读法"对历史唯物主义基本概念——生产力、生产关系、生产方式、结构、规律等作出解读，并赋予这些概念以新的含义。②

立足于不同学科解读历史唯物主义。很多西方学者立足不同学科角度，对历史唯物主义进行研究解读。德国学者亨利希·库诺（Heinrich Cunow）站在社会学角度，在论著中整理出马克思社会学论述要点，对于国家起源、社会的构建过程、唯物史观以及人类的道德起源等都建起了全新的架构。③ 英国学者斯蒂芬·亨利·里格比（Stephen Henry Rigby）站在历史学角度，对马克思主义史学理论进行思想史梳理，对历史唯物主义进行了全面深刻的探讨，围绕生产力、生产关系、经济基础和上层建筑的关系提出了自己的看法。他认为马克思的思想遗产是模糊的，对历史唯物主义做功能解释是不能回应对它的各种质疑的，强调社会生产关系而不是生产力具有首要性。在里格比看来，马克思主义具有现实意义，因为目前的社会理论和历史学尚处于前马克思主义的发展阶段。④ 英国学者安东尼·吉登斯（Anthony Giddens）站在社会学角度，借助各学科的最新发现来批判和反思历史唯物主义，用"结构化理论"对社会学核心问题进行深入探索。他认为，马克思的唯物史观在解释前资本主义时期的非阶级社会以及

---

① 〔美〕威廉姆·肖：《马克思的历史理论》，阮仁慧等译，重庆出版社，2007。
② 〔法〕路易·阿尔都塞、〔法〕艾蒂安·巴里巴尔：《读〈资本论〉》，李其庆、冯文光译，中央编译出版社，2017。
③ 〔德〕亨利希·库诺：《马克思的历史、社会和国家学说：马克思的社会学的基本要点》，袁志英译，上海译文出版社，2014。
④ 〔英〕S.H.里格比：《马克思主义与历史学：一种批判性的研究》，吴英译，译林出版社，2012。

后工业社会的诸多现象时，具有很大的局限性。① 英国学者乔纳森·休斯
（Jonathan Hughes）对马克思主义中的生态思想进行研究，主张从生态学的
角度来重建历史唯物主义。他肯定马克思主义处理生态问题的能力，反对
环保主义者对马克思主义历史观的指责，并尝试在历史唯物主义的理论视
域内部为生态问题的解决提供可能。②

关于马克思历史理论与东方社会的发展。日本马克思主义者通过研究
马克思的有关论述，思考东方社会如何过渡到市民社会这样的问题，做出
"共同体的三种形式""资本的原始积累""个体所有制"等问题的讨论。
望月清司详细阐释了马克思市民社会认识的形成、异化以及社会交往、
《德意志意识形态》中的分工逻辑、"社会联系"视角和市民社会、马克思
历史理论和现代等问题，将马克思的历史理论解释成市民社会的历史。③
广松涉讨论了马克思历史唯物主义思想原初形态，对历史唯物主义的理论
逻辑生成、历史唯物主义最重要的基本观点以及历史唯物主义与无产阶级
革命之间的关系作出论述，探讨了其物象化理论与历史唯物主义的关系。④
中村哲力图依据马克思恩格斯的方法，以奴隶制、农奴制为重点重新构筑
前资本主义社会的历史理论。指出了如何区分和把握社会形态理论与实际
历史过程的原则问题。⑤

2. 关于历史观教育的研究

国外一般是通过对青少年的历史观教育，对他们的历史观进行塑造和
培养。不同国家对于历史观教育的研究具有一定差异。在美国，历史教育
经历了改革的过程。二战后，由于科学技术发展迅速，科学教育相应地受
到重视，与此相对，历史教育遭到了忽视。直到 20 世纪 80 年代之后，美

---

① 〔英〕安东尼·吉登斯：《历史唯物主义的当代批判——权力、财产与国家》，郭忠华译，
上海译文出版社，2010。
② 〔英〕乔纳森·休斯：《生态与历史唯物主义》，张晓琼、侯晓滨译，江苏人民出版社，
2011。
③ 〔日〕望月清司：《马克思历史理论的研究》，韩立新译，北京师范大学出版社，2009。
④ 〔日〕广松涉：《唯物史观的原像》，邓习议译，南京大学出版社，2009。
⑤ 〔日〕中村哲：《奴隶制与农奴制的理论——马克思恩格斯历史理论的重构》，冻国栋等
译，武汉大学出版社，1994。

国的生活方式发生变革，美国一些学者认为，学习历史有利于公民素质的提高以及美国民主社会的发展，可以促进受教育者成为良好公民并保持美国的生活方式。[①] 因此，历史课被重新确定为人文社会科学的核心课程。美国学者麦切尔·威兰（Michael Whelan）指出，历史学习应当成为社会科学的核心，人类的生存在本质上是具有历史含义的。[②] 美国教育界认为，历史教育的首要任务是培养学生具备公民所必需的意识。美国的历史教育以"培养学生具有成为民主社会中良好公民的知识、态度和技能，欣赏并尊重美国的制度及其背景，批判与思考当前社会、政治、经济问题的能力，增进对世界的了解与宽容"为目的。[③] 美国历史教育的基本功能之一是传承其民族精神，美国的民族精神传承贯穿于其历史教育的各个环节，通过历史教育，将美国精神深深熔铸于美国人的思想理念和行为方式中，从而使美国人具备民族精神自豪感。[④]

英国重视对学生进行历史观教育，认为历史教学能够为促进学生精神、道德、社会、文化等方面的发展提供机会，通过历史学习能够培育学生形成正确历史观，增强学生的权利意识。学校通过历史教学，对学生进行知识教育、思想教育与智能培养。一是重视历史概念的教学，引导学生认识历史事件、历史现象与历史人物的本质；二是训练学生对现在和将来的生活做好必要的精神与能力的准备；三是注重培养学生的历史思维，使其熟悉历史研究方法。[⑤]

德国将历史观教育内容入宪，勇于承认历史过错，德国政府、学校和社会舆论共同承担青年的历史观教育之责。学校依法培育学生勇于与纳粹意识做斗争的历史观，用社会舆论和文化思潮引导青年诚实面对历史事实、理性反思罪责。德国的历史观教育重视培育青年的民族和谐观，树立

① 李稚勇等：《中外历史教育比较研究》，长春出版社，2012。
② Michael Whelan，"Why the Study of History Should be the Core," In E. Wayne Ross，*The Social Studies Curriculum*（State University of New York Press，2001），pp. 54-55.
③ 刘传德：《借鉴国外历史教育经验的思考》，《史学史研究》1998 年第 4 期。
④ 陈丹：《美国历史教育中的民族精神传承及启示》，《中国成人教育》2016 年第 19 期。
⑤ 刘传德：《借鉴国外历史教育经验的思考》，《史学史研究》1998 年第 4 期。

青年的民族平等观，培养青年的历史判断力。① 德国的二战历史教育以当代西方"新社会史学"为指导思想，体现了充分的人文关怀，培养学生基于西方民主政治思想的政治判断力，鼓励学生主动探寻历史，引导学生反思德国犯下的历史罪行。②

俄罗斯反对历史虚无主义，出台相关法律对本国历史加以保护，注重争夺历史话语权，号召人民捍卫历史，就尊重历史开展典型政治实践。俄罗斯开展了全民普及的历史教育，重视对大学生群体进行历史观教育，通过历史传统教育、爱国主义教育帮助大学生树立正确的历史观。③ 近年来，俄罗斯重新构建以爱国主义为核心的历史教育体系，力图重构尊重历史事实、捍卫国家利益的爱国主义核心价值观，达到纠正历史虚无主义、重塑民族精神的目的。④

韩国的历史观教育注重对学生"国家观"的引导，尤其注重对学生爱国主义意识的培养。韩国通过宣扬自己国家历史上的辉煌来增强学生对国家的热爱，培养他们的民族自豪感。但韩国的历史观教育存在歪曲史实的现象，认为孔子的祖先是韩国人，端午节起源于韩国，等等，不利于学生正确历史观的培养。

（二）国内研究现状

1. 关于历史观的相关研究

我国学者站在不同角度，对历史观进行了许多研究，取得了丰富的研究成果。一些研究者立足于不同学科领域，就历史观相关问题进行探究，指出坚持正确历史观的重要意义。熊文景对历史观的概念进行阐释，提出共产党人应当坚持历史正义观，坚持历史是非观，坚持历史使命观。⑤ 贾高建研究了历史观层次的相关问题，认为考察一种历史观涉及其在社会历

---

① 李春丽、龚超、邓光远：《当代德日青年历史观教育之启示》，《中国青年研究》2014年第6期。
② 孙文沛、傅安洲：《中德两国二战历史教育比较及启示》，《理论月刊》2014年第2期。
③ 郭丽双、崔立颖：《重塑历史观与价值观：俄罗斯高校思想政治教育的理性回归及启示》，《马克思主义与现实》2018年第2期。
④ 李琳：《俄罗斯爱国主义历史教育重构及其启示》，《马克思主义研究》2017年第7期。
⑤ 熊文景：《共产党人应坚持正确历史观》，《党建》2018年第12期。

史领域的真理观与价值观问题。① 黄凯峰指出，坚持科学历史观不能停留在单纯的立场坚持和表态上，要以科学的历史观分析历史事实与历史著述、历史规律与历史责任、历史价值与历史评价、历史实践与历史教育。② 荣剑站在历史学角度，指出在对历史的客观分析中实现对历史的事实判断和价值判断的统一，是正确认识和评价中国历史的基本尺度。③ 赖大仁站在文学角度，指出文学的社会历史观问题是文学批评的价值观念系统中的重要方面，是关于文学批评的社会历史观，关涉真实性价值观、人民性价值观以及"历史观点"中所包含的历史理性和历史进步价值观等问题。④

关于国家观、民族观和历史观之间的联系。李洁立足新时代背景，指出历史观、民族观、国家观、文化观彼此联系、紧密相关，新时代历史观体现为以大历史观审视问题的整体性思维和意识，以及在运用这种思维和意识总结规律、把握大势中表现出来的历史自觉、历史自信和历史分析方法。⑤ 王立胜、王清涛指出建立正确的国家观、历史观、民族观是解决民族问题的核心精神，只有牢固树立国家观、历史观、民族观才能真正增强"四个认同"。而树立正确历史观必须深刻理解和全面把握中国历史发展的主流和大趋势。⑥

关于唯物史观和唯心史观这两种历史观的研究。梁柱以正本清源的态度划清唯物史观和唯心史观两种历史观，指出要正确对待历史与历史经验，批判反科学的历史观。⑦ 袁杰论述了物质劳动、精神劳动两种劳动的

① 贾高建：《历史唯物主义与历史虚无主义：历史观层次的相关问题》，《马克思主义与现实》2017 年第 3 期。
② 黄凯峰：《以科学的历史观指导历史评价——兼评历史虚无主义思潮》，《毛泽东邓小平理论研究》2006 年第 2 期。
③ 荣剑：《论历史观与历史价值观——对中国史学理论若干前提性问题的再认识》，《中国社会科学》2010 年第 1 期。
④ 赖大仁：《当代文学批评的社会历史观问题》，《山东社会科学》2013 年第 1 期。
⑤ 李洁：《论历史观、民族观、国家观、文化观的新时代意涵》，《高校马克思主义理论研究》2019 年第 4 期。
⑥ 王立胜、王清涛：《解决民族问题的精神力量：正确的国家观、历史观、民族观——学习习近平总书记关于民族问题的重要论述》，《理论学刊》2015 年第 5 期。
⑦ 梁柱：《谈谈划清两种历史观的问题》，《思想理论教育导刊》2010 年第 7 期。

演变与唯物史观和唯心史观两种历史观的关联，指出只有以现实的人所从事的劳动为中心线索，才能正确理解唯物史观。① 他认为，历史观与人学理论密切关联，唯物史观与唯心史观的前提、考察方法、结论都不同，而唯物史观与唯心史观的根本区别就在于如何正确看待和把握"现实的个人"自己创造自己的历史过程中的能动性问题。② 叔贵峰、段晓昱认为，唯物史观的确立过程包含着历史观的变革，从历史观本身的演进逻辑之中考察唯物史观的理论来源具有重要的理论意义。③

2. 关于唯物史观基本理论的研究

国内关于唯物史观基本理论的研究成果非常丰富，各位专家学者从唯物史观基本原理出发，比较有代表性的有段忠桥的著作《重释历史唯物主义》，分析马克思和恩格斯成熟时期的文本，借鉴英美分析马克思主义的逻辑分析方法，对历史唯物主义的基本范畴和基本原理作出了与国内流行的历史唯物主义教科书不同的新阐释，并对近年来我国一些学者提出的与历史唯物主义有直接关系的新见解提出了批评和建议。④ 陈先达的《历史唯物主义与当代中国》从历史唯物主义的本质与功能、中国道路和中国文化三个领域入手，对历史唯物主义的本质和当代价值、社会主义实践中的唯物史观、中国历史百年变革的辩证法、中国道路与中国方案等问题做了有现实意义的理论探索，体现了学术性与政治性的结合。⑤ 有许多研究者对社会基本矛盾及其发展规律、社会历史发展动力、群众史观三个方面进行了较为系统的研究。

就人类社会的存在与发展这一内容而言，旷三平认为，马克思主义哲学是以实践的思维方式建构起来的，马克思提出的"社会存在论"具有哲

① 袁杰：《论物质劳动、精神劳动与两种历史观的关联》，《史学月刊》2016 年第 7 期。
② 袁杰：《马克思"现实的个人"视域下唯物史观与唯心史观的区别》，《社会科学家》2015 年第 10 期。
③ 叔贵峰、段晓昱：《马克思对青年黑格尔派实现的历史观变革》，《求是学刊》2017 年第 1 期。
④ 段忠桥：《重释历史唯物主义》，江苏人民出版社，2009。
⑤ 陈先达：《历史唯物主义与当代中国》，中国人民大学出版社，2019。

学史上"本体论"革命性变革的意义。① 邹诗鹏认为，社会存在不仅决定社会意识，而且社会意识就内生于社会存在，并与意识形态区分开来，在彰显意识形态批判的同时，也使意识转化为"真正的知识"，形成"真正的实证科学"即历史唯物主义，进而凸显了批判的社会理论传统。② 陈延斌、吴成达认为，马克思主义生产力理论揭示社会发展根本动力的同时，还具备深刻的伦理向度，其主要体现为生产力的伦理基础和伦理归宿。③ 王峰明指出，正确认识和处理含义不同的生产力概念及其相互关系，要把"系统质"的一般层面的生产力规定与内部"要素"和"结构"、外部"环境"和"条件"等具体层面的生产力规定区别开来。④ 吴宏政、徐中慧认为，马克思的"世界历史"概念具备三重内涵，第一种意义泛指国家与民族的历史总和，第二种意义隶属历史哲学范畴，第三种意义特指资本扩张催生的普遍交往的"世界历史"，实现了对前两种概念的扬弃。⑤ 汪力平、冷树青认为，把握世界历史应立足物质生产的根本性，既坚持社会基本矛盾思想，亦重视国际层面国家间的竞争与合作，不断深化对人类社会发展规律的认识。⑥ 王和对历史规律的概念进行厘清，指出当前历史规律是指具有共同性的发展趋势，并提出应当根据实事求是原则去考察历史，探讨五种社会形态理论的意义和内涵。⑦ 冯景源对马克思五种社会形态的研究进行分析梳理，指出马克思五种社会形态的研究是唯物史观理论体系自身的要求，也是实践的需要。⑧ 刘子瑛、曹光章指出，运用社会经济形

① 旷三平：《"社会存在论"：抑或一种唯物史观的现代假说》，《马克思主义研究》2006 年第 3 期。
② 邹诗鹏：《马克思的社会存在概念及其基础性意义》，《中国社会科学》2019 年第 7 期。
③ 陈延斌、吴成达：《论马克思主义生产力理论的伦理内蕴》，《哲学研究》2013 年第 2 期。
④ 王峰明：《生产力："是什么"与"什么是"——从"系统论"看马克思的"生产力"理论》，《上海财经大学学报》2009 年第 6 期。
⑤ 吴宏政、徐中慧：《马克思"世界历史"概念的三重内涵》，《江苏社会科学》2021 年第 3 期。
⑥ 汪力平、冷树青：《社会基本矛盾与世界历史现象》，《南昌大学学报》（人文社会科学版）2015 年第 5 期。
⑦ 王和：《实事求是是唯物史观的基本原则——以"五种社会形态理论"为中心的探讨》，《史学月刊》2008 年第 11 期。
⑧ 冯景源：《唯物史观理论基础再研究》，《新视野》2002 年第 6 期。

态的概念和理论来考察人类社会形态及其演变规律是唯物史观最基本的社会历史考察方法。①

就社会历史发展动力而言，郭艳君认为，社会基本矛盾运动是推动人类社会发展及社会形态转变的根本动力，这两对矛盾不但是对立的，也是内在统一的，社会基本矛盾的转换取决于各因素之间的相互关系和力量的对比，意味着社会发展的中心发生了根本性转换。② 龚培河、万丽华针对马克思主义动力论进行考察，解读了社会历史发展动力的七个层面，指出其内在逻辑具有一致性。③ 张文军、节仁认为，社会历史发展动力是一种包含各种要素在内的"合力"，并不是某一方面单独发生作用而推动社会向前发展，只有这种合力，才是社会历史发展的动力。④ 田心铭指出了社会基本矛盾运动的规律是通过阶级斗争历史的研究而发现的，因而阶级斗争理论是历史唯物主义的重要组成部分；驳斥了阶级斗争理论过时的言论，提出当代阶级斗争理论和阶级分析方法依然具有重要价值。⑤ 刘保国从阶级形成、阶级划分、阶级结构、阶级斗争、阶级消亡、阶级分析几个方面系统阐述了国内学者对马克思的阶级理论研究，指出阶级是由一定历史阶段的生产力及与之相适应的生产关系形成的，阶级形成不仅表现在经济方面，马克思阶级理论从广泛的社会领域来辩证地全面地看待阶级的形成和存在。⑥

就群众史观的研究而言，刘曙光指出，历史唯物主义区别于以往唯心史观之处在于他们对"现实的人"作出了科学的规定，从而找到了一条从主客体的对立统一来考察和研究社会历史的科学方法。⑦ 徐斌认为，马克思关于"现实的人"的思想是唯物史观的逻辑起点、中心线索和价值指

①　刘子瑛、曹光章：《论马克思主义的社会形态理论》，《求索》2012 年第 4 期。
②　郭艳君：《论社会基本矛盾转换的内在机制及重要意义》，《学术交流》2018 年第 10 期。
③　龚培河、万丽华：《究竟哪一个是社会历史发展的动力——对马克思主义动力论的逻辑考察》，《学术月刊》2006 年第 11 期。
④　张文军、节仁：《论社会历史发展的动力系统》，《山东社会科学》2005 年第 2 期。
⑤　田心铭：《论阶级斗争理论在历史唯物主义中的地位和当代价值》，《马克思主义研究》2014 年第 11 期。
⑥　刘保国：《马克思的阶级理论研究》，《科学社会主义》2004 年第 5 期。
⑦　刘曙光：《准确把握唯物史观的出发点》，《湖北大学学报》（哲学社会科学版）2001 年第 1 期。

向，其现实规定性是指实践性、社会性、利益性、特殊性和历史性。① 曹润生认为，唯物史观可以被恰当地确立为关于现实的人及其历史发展的科学，是马克思主义所独有的科学的人学。② 郑冬芳、王宏波认为，"人的本质"问题是马克思历史唯物主义的立足点和出发点，马克思"人的本质"思想经历了从信奉黑格尔、费尔巴哈到最终用"现实的人"来表达自己人的本质思想的过程，使唯物史观具备了坚实的立足点。③ 曹百瑛认为，马克思人学思想实现了对以往人学思想的超越，关于人的本质及人的全面发展的论述揭示了人与社会之间的辩证关系。④ 郝贵生揭示了马克思群众史观思想形成过程的四个阶段以及每个阶段阐发的群众史观思想的具体内容及体现的论证方法，指出群众史观是唯物史观理论的一大支撑。他认为，群众史观要求人民群众要自觉地成为社会的主人，体现了领导权力观的本质特征、先进文化的核心内容以及现代人才价值观和道德观的新内容，是社会主义民主的理论基础。⑤ 陈连军指出，马克思主义群众史观对英雄史观和宗教神学进行批判，并科学阐述了人民群众的主体地位，肯定人民群众个人利益，提出社会性是人民群众的本质特征，将劳动人民视为社会历史的真正创造者。⑥ 牟成文、冯连军指出，自空想社会主义时期就存在丰富的群众思想，但具有明显的历史局限性，马克思运用历史的、实践的方法和阶级分析方法，对群众的定义进行科学界定，分析了群众的历史与时代特征，并立足群众思想，创建了唯物史观，发现了剩余价值学说，阐述了人的解放理论，揭示了社会发展规律，真正推动了社会主义从空想到科学的发展。⑦

---

① 徐斌：《马克思关于"现实的人"的思想及其当代意义》，《中共中央党校学报》2013 年第 1 期。

② 曹润生：《唯物史观是关于现实的人及其历史发展的科学》，《长白学刊》2001 年第 3 期。

③ 郑冬芳、王宏波：《论马克思"人的本质"思想的形成过程和发展脉络》，《教学与研究》2009 年第 2 期。

④ 曹百瑛：《马克思人的本质及人的全面发展理论再省思》，《理论探讨》2012 年第 5 期。

⑤ 郝贵生：《论群众史观理论的方法论意义》，《马克思主义研究》2005 年第 5 期。

⑥ 陈连军：《马克思主义群众史观的理论意蕴和现实启示》，《学术交流》2014 年第 7 期。

⑦ 牟成文、冯连军：《马克思群众思想的创立与社会主义从空想到科学的发展》，《社会主义研究》2017 年第 5 期。

3. 关于马克思主义历史观教育的研究

关于从唯物史观视角深化思想政治教育的研究。韩华、王树荫指出要充分将唯物史观基本原理与思想政治教育理论科学结合，推进思想政治教育理论创新，分析并把握新时代形势变化带来的新课题，使思想政治教育理论创新适应社会进步与思想政治教育学科发展的客观需要。① 赖雄麟、邵晓军提出，应当准确把握马克思主义历史观的起点和归宿——现实的人与具体个性，深化思想政治教育研究。② 付安玲指出，马克思主义理论是思想政治教育"立德树人"价值的实现基础，思想政治教育必须立足唯物史观角度，以现实的个人为基础，对个体进行客观准确定位。③ 张英琇提出以唯物史观为基础构建整体思想政治教育观，有利于完善思想政治教育基础理论内容体系，整合教育理念方法，开展教育实践，推动显性、隐性思想政治教育形成合力。④

关于群众路线教育的研究。梅荣政认为，要从哲学认识论和唯物史观相统一的高度，深入研究党的群众路线教育实践活动的意义，共产党员应当真正了解和尊重历史及其发展规律，坚持唯物史观和实践论。⑤ 李明将贯彻群众路线置于唯物史观视域下进行深入考察，指出探索贯彻群众路线的新路径、新方法，要做到始终坚持唯物史观基本原理，正视贯彻群众路线过程中存在的问题。⑥ 杨婷婷、马超认为，把党的群众路线融入思想政治教育，能够夯实思政教育的理论基础、明晰其发展目标、强化凝聚功能、拓展实践途径，赋予其更加鲜明的时代性、发展性与科学的理论性、

---

① 韩华、王树荫：《唯物史观视野中的思想政治教育理论创新》，《马克思主义研究》2011年第 11 期。
② 赖雄麟、邵晓军：《马克思主义历史观视角下的思想政治教育个体价值之维》，《学校党建与思想教育》2014 年第 17 期。
③ 付安玲：《思想政治教育"立德树人"价值唯物史观确证的三个维度》，《学校党建与思想教育》2017 年第 11 期。
④ 张英琇：《以唯物史观为基础构建整体思想政治教育观》，《思想教育研究》2021 年第 1 期。
⑤ 梅荣政：《实践观、唯物史观与群众路线教育实践论析》，《学校党建与思想教育》2013 年第 24 期。
⑥ 李明：《坚持唯物史观 贯彻群众路线》，《理论探索》2014 年第 2 期。

实践性。① 李呈、陈勇认为，思想政治教育与群众路线具有内在一致性，群众路线是一门科学的方法论，而唯物史观是群众路线方法论的世界观基础，要在思想政治教育中进行科学运用，发挥其指导作用。②

关于唯物史观和历史虚无主义的研究。吴英从五个方面论证了唯物史观和历史虚无主义的本质对立，指出唯物主义的本质决定了它是历史虚无主义的克星。③ 李方祥认为，要划清马克思主义与历史虚无主义的界限，二者的实质性区别在于如何看待人性问题——究竟是从"抽象的人性"出发还是"具体的人性"出发。④ 梅荣政、杨军将历史虚无主义定义为以唯心史观为基础的实用主义，并指出其非科学性。⑤ 李艳艳指出，近年来历史虚无主义思潮从学术思想转化为政治主张，积极争夺对于自身解释的话语权，整体性虚无马克思主义，通过网络新媒体传播各种观点。⑥ 卢黎歌、程馨莹对历史虚无主义的特征加以探析，指出历史虚无主义通过挑战唯物史观，消解主流意识形态的引领作用，模糊人们的价值标准，质疑党和政府的执政合法性。⑦ 王衍哉、郭凤志从理论立场、世界观、价值观三重维度出发，指出历史虚无主义的错误根源在于"否定了社会历史规律的客观性以及创造历史过程中人民群众意愿、人民群众作用的客观性"。⑧ 还有一些学者在研究中对历史虚无主义进行批判。吴照玉指出，马克思恩格斯批判了历史虚无主义的理论前提，指出资本逻辑是历史

① 杨婷婷、马超：《党的群众路线在思想政治教育中的价值》，《思想教育研究》2017 年第 2 期。

② 李呈、陈勇：《群众路线方法论在思想政治教育中的运用探析》，《思想教育研究》2019 年第 12 期。

③ 吴英：《驳历史虚无主义中的几个主要观点》，《新疆师范大学学报》（哲学社会科学版）2015 年第 5 期。

④ 李方祥：《划清马克思主义与历史虚无主义界限的几个问题》，《思想理论教育导刊》2010 年第 8 期。

⑤ 梅荣政、杨军：《历史虚无主义重新泛起的透视》，《马克思主义研究》2005 年第 5 期。

⑥ 李艳艳：《当前历史虚无主义思潮的新特征》，《思想教育研究》2015 年第 7 期。

⑦ 卢黎歌、程馨莹：《如何认识和分析历史虚无主义思潮》，《西安交通大学学报》（社会科学版）2014 年第 6 期。

⑧ 王衍哉、郭凤志：《历史虚无主义理论前提的三重维度批判》，《思想教育研究》2020 年第 3 期。

虚无主义的经济根源，共产主义是对历史虚无主义的克服。① 马振江认为，用历史唯物主义战胜历史虚无主义必须坚持历史客观性原则和以人民为主体的价值观，坚持历史唯物主义的历史性原则、实践性特质以及本质性批判。② 张竑指出，要坚决地运用唯物史观批判两个阶段互相否定论、对立论，辩证地、历史地把握两个阶段的历史性关系，揭露历史虚无主义的表现形式和产生原因。③ 韩升认为，应当从"现实的个人"及其物质生产实践出发，在现代性社会发展境遇中建构起一种符合社会发展规律和人民价值诉求的历史话语形态。④

4. 关于"四史"教育的研究

关于学习"四史"、加强"四史"教育的重要意义。谢晓娟指出，通过学习"四史"能够把握社会历史发展规律，汲取历史经验，坚定永远跟党走的信念，洞察人民的力量；⑤ 程美东、刘辰硕从历史、现实、未来三个维度进行探析，认为加强"四史"教育有利于继承和发扬思想传统，为改革与发展提供思想助力，走向更加美好的未来；⑥ 韩菲提出新时代开展"四史"教育能够强化当前的爱国主义教育，认为开展"四史"教育有利于青年把握爱国本质，将爱国情感升华为理想信念，更好地应对国际形势，抵御历史虚无主义等不良社会思潮的影响；⑦ 张志丹指出，加强"四史"教育，对于青年学生筑牢理论基础，坚定政治信仰，科学把握事物的发展规律具有重要指导意义。⑧

---

① 吴照玉：《马克思、恩格斯如何批判和克服历史虚无主义》，《思想理论教育导刊》2015年第5期。
② 马振江：《对历史虚无主义"虚无"的批判——兼论历史唯物主义在新时代的坚持和发展》，《马克思主义研究》2020年第2期。
③ 张竑：《唯物史观视野下的历史虚无主义批判》，《理论月刊》2018年第1期。
④ 韩升：《唯物史观视域内历史虚无主义的现代性批判》，《马克思主义与现实》2020年第2期。
⑤ 谢晓娟：《从"四史"中汲取奋发前行的磅礴力量》，《红旗文稿》2020年第19期。
⑥ 程美东、刘辰硕：《从三个维度理解加强"四史"教育的重大意义》，《思想教育研究》2020年第12期。
⑦ 韩菲：《"四史"教育筑牢爱国主义的思想堡垒》，《广西社会科学》2021年第4期。
⑧ 张志丹：《围绕立德树人加强"四史"教育》，《红旗文稿》2021年第4期。

关于推进"四史"教育的路径。张志丹指出,开展"四史"教育要以习近平新时代中国特色社会主义思想为指导,深刻把握并揭示"四史"发展的内在规律,把准和理清"四史"的发展脉络及相互关系;① 赵卯生厘清了新时代"四史"教育从提出至完善的逻辑理路,指出新时代持续推进"四史"教育应当做到"学"与"思"内在统一、"知"与"信"融贯一体,锤炼忠诚干净担当的政治品格,坚持全心全意为人民服务宗旨,将"四史"内化于心、外化于行;② 梁钦、王燕妮认为,红色电影同高校"四史"教育具有同属、同向和同促的关系,将红色电影融入"四史"教育,要实现多角度促进、多途径融合、多主体参与,充分发挥红色电影与"四史"教育的同向性。③

关于将"四史"教育融入高校思想政治理论课教学的研究。戴海容以精准思政的视角,指出从教学识别精准化、教学内容精准化、教学方法精准化、教学反馈精准化四个方面为高校开展"四史"教育提供路径支持;④ 虞志坚提出,应当将"四史"教育融入高校思想政治理论课教学的理论、历史、实践三重逻辑中;⑤ 王玉认为,要抓牢"四史"教学的整体性,坚持"大历史观",从主流与本质的科学把握、横向与纵向的历史比较、情感与理性的有机结合中构建科学的教学内容;⑥ 杨延圣、郑斐然认为,"四史"教育与高校思想政治教育具备本质属性、教育目标和教育内容上的内在关联性,高校应在现有教育体系基础上从顶层设计、教育目标、课程协同、教育策略等方面优化"四史"教育的路径;⑦ 李丹、

---

① 张志丹:《围绕立德树人加强"四史"教育》,《红旗文稿》2021 年第 4 期。
② 赵卯生:《新时代持续推进"四史"教育的科学路径》,《人民论坛》2021 年第 Z1 期。
③ 梁钦、王燕妮:《红色电影融入高校"四史"教育的思考》,《电影新作》2021 年第 1 期。
④ 戴海容:《精准思政视角下新时代高职院校"四史"教育路径论析》,《学校党建与思想教育》2021 年第 1 期。
⑤ 虞志坚:《"四史"教育融入高校思想政治理论课教学的三重逻辑》,《江淮论坛》2020 年第 6 期。
⑥ 王玉:《高校思想政治理论课"四史"教学的整体性及其实践路径》,《思想教育研究》2021 年第 1 期。
⑦ 杨延圣、郑斐然:《"四史"教育融入高校思政教育的现实需求与路径优化》,《学术探索》2021 年第 5 期。

徐晓风认为，增强高校思想政治理论课实效性，就要通过不断挖掘思想政治教育资源，将"四史"教育真正落实到高校思想政治理论课实践中。①

从不同角度探析"四史"的精神内涵。肖文燕、罗春喜指出，知史爱党、学史悟"道"、识史明智是习近平总书记关于"四史"学习重要论述的精神实质，"四史"的主线与主导性实践逻辑是党的领导，"四史"涵盖共产党执政规律、社会主义建设规律与人类社会发展规律，是四个自信形成的历史逻辑基础；② 郭国祥、郑放认为，"四史"是各具特点的伟大斗争史，因而要从"四史"中厘清斗争历程，明确斗争原则，增强斗争本领，传承斗争精神。③

5. 关于大学生马克思主义历史观教育的研究

国内对于相关问题的研究主要从大学生马克思主义历史观教育的背景、必要性、意义等具体问题入手，提出当前加强大学生马克思主义历史观教育的途径。

关于加强大学生马克思主义历史观教育必要性研究。李松林、王秀刚认为，加强大学生马克思主义历史观教育，能够减少和防止当代大学生受到历史虚无主义等错误思潮的侵害，使社会主义核心价值体系进教材、进课堂、进头脑。④ 杨彦京、杜莹认为，高校加强唯物史观教育教学，有利于引导大学生树立科学的历史观，避免不良社会思潮的影响，更好地践行社会主义核心价值观，有利于提升教师教学的责任感与学生学习的认同感。⑤ 吕其镁、张嘉娣指出，加强大学生马克思主义历史观教育，能够使大学生避免历史虚无主义的渗透，引导其规避错误的历史观，形成坚定的政治

① 李丹、徐晓风：《"四史"教育与高校思想政治理论课实效性研究》，《思想政治教育研究》2021 年第 1 期。
② 肖文燕、罗春喜：《习近平关于"四史"学习重要论述的精神实质》，《江西财经大学学报》2020 年第 6 期。
③ 郭国祥、郑放：《从"四史"学习教育中汲取斗争智慧》，《理论月刊》2021 年第 5 期。
④ 李松林、王秀刚：《简论加强大学生历史观教育》，《思想教育研究》2012 年第 6 期。
⑤ 杨彦京、杜莹：《高校唯物史观教育教学存在的问题及对策》，《河北师范大学学报》（教育科学版）2018 年第 2 期。

信仰，正确看待传统文化，提升文化认同，形成正确的人生观与价值观。①
吕百利指出，大学生培育正确的历史观有利于其世界观、人生观、价值观
的确立，深刻认识中国走社会主义道路的历史必然性，形成勤奋踏实的优
良品质。②

关于加强大学生马克思主义历史观教育路径研究。吕百利指出，当前
大学生历史观教育存在长期被忽视、教学手段陈旧、教育方式呆板的问
题，并进一步提出加强当代大学生正确历史观培育要坚持理论联系实际，
用唯物主义历史观教育学生，同时重视教学方法的创新。③ 杨彦京、杜莹
认为，现阶段应当通过探究高校唯物史观教育的教学内容、教学方法以及
教师素质提升唯物史观教育教学的实效性。④ 钟澳、戴钢书认为，可以从
中国传统社会历史观教育中汲取有益经验，应用于当今高校的历史观教
育，使历史观教育水平切实提升。⑤

关于大学生马克思主义历史观教育的意义研究。开展大学生马克思主
义历史观教育，有利于大学生树立共产主义远大理想和中国特色社会主义
共同理想，有利于大学生坚定"四个自信"，有利于大学生弘扬社会主义
道德，有利于大学生践行爱国主义精神。一是针对大学生树立共产主义远
大理想和中国特色社会主义共同理想的相关研究，张二芳指出，大学生应
厘清共产主义远大理想和社会主义共同理想、"两个必然"和"两个决不
会"的关系，也要正确把握社会主义普遍共性和中国特色以及共同理想和
个人理想的关系。⑥ 黄庆胜指出，高校引领大学生树立共同理想，要做到
坚持马克思主义理论教育的主导地位，重视培养大学生对共产党、社会主

---

① 吕其镁、张嘉娣：《加强大学生马克思主义历史观教育论析》，《思想理论教育导刊》2017
年第 1 期。
② 吕百利：《刍论当代大学生正确历史观的培养》，《理论导刊》2015 年第 8 期。
③ 吕百利：《刍论当代大学生正确历史观的培养》，《理论导刊》2015 年第 8 期。
④ 杨彦京、杜莹：《高校唯物史观教育教学存在的问题及对策》，《河北师范大学学报》（教
育科学版）2018 年第 2 期。
⑤ 钟澳、戴钢书：《中国传统历史观教育的经验及其启示》，《学校党建与思想教育》2019
年第 10 期。
⑥ 张二芳：《高校开展理想信念教育须处理好四个关系》，《思想理论教育导刊》2013 年
第 3 期。

义的感情，丰富社会实践内涵，发挥榜样人物的积极作用，发扬艰苦奋斗精神。① 二是针对大学生坚定"四个自信"的相关研究，白显良指出，要深刻认识大学生坚定"四个自信"的紧迫性，把握讲清中国特色社会主义理论逻辑与历史逻辑辩证统一的内在要求，以大学生思想政治教育的主渠道、主阵地为依托明确教育路径、完善教育机制、创新教育方法。② 辛向阳、朱大鹏指出，使青年坚定"四个自信"，要针对青年的认知特点、时代境遇、心理素质、生活环境，做到多方联动、多维呈现。③ 三是针对大学生弘扬社会主义道德的相关研究，沈建勇、邱立生认为，大学生应当将弘扬社会正能量作为提高道德素养的环境基础，从而形成良好的道德规范，加强社会文明建设，引导积极向上的社会风气。④ 李平指出，大学生的思想道德素质状况体现了当前社会文明程度，影响了国家未来的社会面貌，高校应把为人民服务的思想贯穿于提升大学生道德修养之中，培养大学生的奉献意识，陶冶其道德情操。⑤ 四是针对大学生践行爱国主义精神的相关研究，兰涵旗、余斌从"知情意行"维度对加强高校爱国主义教育进行探析，指出高校要构建"知情意行"一体贯通的教育体系，以认知教育为基础，以情感化育为重点，以意志塑造为关键，以实践锤炼为拓展。⑥ 郑洁、李晏沄指出，新时代培育青年爱国主义精神面临来自网络虚拟环境、西方外来文化、历史虚无主义等多方面的挑战，因而要加强正面引导，坚持多元开放，净化网络空间。⑦ 培育大学生的责任担当意识也是加强大学生马克思主义历史观教育的重点。杜坤林指出，高校应当从重建责

① 黄庆胜：《雷锋精神与大学生共同理想教育》，《思想理论教育导刊》2012 年第 9 期。
② 白显良：《加强大学生"四个自信"教育的几点思考》，《思想教育研究》2016 年第 9 期。
③ 辛向阳、朱大鹏：《坚定"四个自信"，青年不能"缺位"》，《人民论坛》2017 年第 14 期。
④ 沈建勇、邱立生：《基于弘扬社会正能量分析大学生道德素养提升途径》，《中国教育学刊》2015 年第 1 期。
⑤ 李平：《弘扬雷锋精神 推进大学生思想道德建设》，《中国高等教育》2013 年第 6 期。
⑥ 兰涵旗、余斌：《从"知情意行"维度加强高校爱国主义教育探析》，《学校党建与思想教育》2020 年第 20 期。
⑦ 郑洁、李晏沄：《新时代青年爱国主义教育面临的挑战及对策》，《学校党建与思想教育》2021 年第 1 期。

任主体、尊重关爱学生、贴近生活实际、注重层次递进等方面入手，开展责任担当教育。① 孟丹、冉莓通过研讨提升大学生责任担当素养的背景、内涵，指出应当从大学生自身修养、家庭环境、学校教育、社会影响等层面探索提升大学生责任担当素养的路径。② 黄蓉生、胡红梅站在抗击疫情视域下对大学生责任担当教育进行研究，指出抗击疫情与责任担当具有必然逻辑关系，抗击疫情视域下加强大学生责任担当教育应当增强大学生责任担当自觉性、激发大学生责任担当情感、引导大学生责任担当实践，从而形成大学生责任担当教育长效机制。③

（三）研究述评

综上所述，国外关于马克思主义历史观的研究由来已久，理论研究基础深厚，不仅对马克思主义历史观基本理论、核心要素、相关内容进行了丰富具体的阐释，更随着时代的发展，从不同学科、不同视域以及不同立场对其进行研究解读，这对马克思历史观相关理论的丰富发展具有积极意义。但国外一些学者立足不同视角，其历史观具有唯心主义成分，存在一定的弊端。因而，对于国外学者的相关研究我们应当辩证对待，坚持科学性与批判性的统一。国外关于历史观教育的研究也取得了一定的成果，国外学者从历史知识教育、思想教育出发，对历史教育的认识比较深刻，为我国学者对相关内容的研究提供了相应的经验。但国外关于历史观教育的研究多集中在历史教育和历史学习上，侧重对学生进行历史教学，丰富历史知识，提高公民素质，研究多集中于理论著作，缺乏具体深入的实践。马克思主义历史观是我国历史观教育的理论基础，而一些国家以错误的历史观为指导，导致部分研究成果在意识形态方面存在较强的局限性。

综合国内的研究成果可以看到，我国关于马克思主义历史观的研究这一论题的理论成果比较丰富，也形成了相应的研究体系：关于马克思主义

---

① 杜坤林：《高校道德教育中的责任担当教育》，《高校理论战线》2012 年第 1 期。
② 孟丹、冉莓：《大学生"责任担当"素养培养路径探析》，《理论月刊》2017 年第 7 期。
③ 黄蓉生、胡红梅：《基于抗击疫情视域的大学生责任担当教育略论》，《思想政治教育研究》2020 年第 5 期。

历史观基本理论的研究比较深入，并将理论研究与我国实际相结合，从而得出符合实际的研究结论。但我国关于大学生马克思主义历史观教育的研究成果存在诸多不成熟之处，主要表现在以下几个方面。

第一，对于大学生马克思主义历史观教育的内容还缺乏系统研究。在新的时代背景下，大学生马克思主义历史观教育也出现了新情况、新问题，其研究内容需要根据形势变化而与时俱进。除了马克思主义历史观基本原理以外，大学生马克思主义历史观教育的基本内容应当涵盖习近平总书记关于历史观的相关论述、"四史"教育等内容，并站在批判性、建设性的角度，在透彻批判历史虚无主义思潮的基础上，发挥思想引领作用，实现对主流意识形态的传导。因而，现有研究成果仍缺乏对大学生马克思主义历史观教育基本内容的系统化梳理。

第二，对"两个大局"背景下的历史观教育的必要性认识还不够充分。随着"百年未有之大变局"加速演进，我们正处于中华民族伟大复兴的战略全局，必须立足"两个大局"背景，系统把握当前的国际、国内形势，培养大学生树立正确的历史观，以发展的观点看待历史，观察世界，把握历史前进大势。只有充分认识"两个大局"背景下的历史观教育的必要性，才能使研究具有一定深度，提出较为全面、具备时代意义的对策。

第三，对于习近平总书记关于党史学习教育重要论述的理解还需要进一步深化梳理。注重从历史中总结经验教训是马克思主义政党的优良传统和独特政治优势，中国共产党在百年伟大奋斗历程中取得了诸多伟大成就，总结了丰富的历史经验，这些是我们宝贵的精神财富与力量源泉。因而，在大学生马克思主义历史观教育研究中，我们要厘清理论研究的源流，全面理解习近平总书记的重要论述，深入学习中国特色社会主义伟大实践的成就与经验，更好地用理论指导实践。

因而，本研究将从国内研究的不成熟之处入手，对大学生马克思主义历史观教育进行有针对性的深入研究，分析大学生马克思主义历史观教育的基本理论与必要性，论述教育的基本内容，最后提出加强大学生马克思主义历史观教育的有效途径。

三 研究方法

(一) 阶级分析法

阶级分析法运用马克思主义的阶级理论与基本观点，对阶级社会中的社会现象进行观察和分析。马克思主义历史观是无产阶级的思想体系。当前，我们要深入研究大学生马克思主义历史观教育，必须始终以马克思主义为指导，在错综复杂的国际、国内形势中把握大势，揭示历史发展规律，避免历史虚无主义思潮、狭隘民族主义思想的负面影响，立足阶级关系分析的视角对大学生马克思主义历史观教育进行深入研究。

(二) 问卷调查法

问卷调查法即运用统一设计的问卷，向被选取的调查对象了解情况的调查方法。理论必须与实践结合，只有明确现阶段大学生马克思主义历史观教育的现状，才能根据问题提出相应的解决对策。本书采取问卷调查的方式，编写大学生马克思主义历史观教育调查问卷，全面客观地了解大学生马克思主义历史观教育现状，科学分析当前存在的问题，从而提出解决途径。

(三) 比较分析法

比较分析法通过比较客观事物之间的异同，明确事物的联系，判断其发展趋势，形成对事物的全面把握。马克思主义历史观的形成是一个长期演进的历史过程，在不同时期对同一个历史问题有不同的认识。本研究采用比较分析法，科学比较马克思恩格斯在不同时期或同一时期对同一历史问题的认识，从而科学把握马克思主义历史观的演变逻辑，全面掌握其思想本质，指导大学生马克思主义历史观教育实践。

第一章

大学生马克思主义历史观教育的相关理论

一个国家只有铭记历史才能开辟未来，国家繁荣、民族兴盛、人民幸福离不开科学历史观的指引和推动。马克思主义历史观对人类社会产生了广泛而深刻的影响，为中国共产党认识世界、改造世界提供了科学方法和基本遵循。本章对历史、历史观等马克思主义历史观教育的相关理论进行阐述，为研究提供了学理依据；分析了马克思主义历史观教育的理论基础，为开展大学生马克思主义历史观教育提供前提条件；从"学史明理、学史增信、学史崇德、学史力行"[①] 等方面指明对大学生群体开展马克思主义历史观教育的意义所在。

第一节　历史观概述

我们要对大学生马克思主义历史观教育这一问题进行深入研究，就要从概念界定入手，正确理解相关概念并对概念之间的关系加以厘清。因而，我们首先要分析已有的研究成果，从不同学科视域下界定历史的概念，并将历史、历史观、马克思主义历史观等概念进行辨析，作为研究的出发点。

[①] 习近平：《在党史学习教育动员大会上的讲话》，人民出版社，2021，第11页。

一 不同学科视域下的历史观

历史既包括过去的一般事实，也包括人们对过去事实进行的选择性记录。人类社会活动首先是历史的，历史书写了人类社会发展的过程，展现了社会发展的趋势，也就是说，历史不仅仅意味着过去，还意味着现实和未来的走向。人们对历史的专门性研究，即历史学，"它不仅包括历史本身，还应该包括在历史事实的基础上研究和总结历史发展的规律，以及总结研究历史的方法和理论"①。

近代国外史学家对历史的定义不断进行讨论，法国启蒙思想家伏尔泰（Voltaire）将历史界定为"已认定为真实的事实的叙述"。德国历史学家利奥波德·冯·兰克（Leopold von Ranke）认为，人们总是为了后代的利益而运用历史来判断过去、预测未来，实际上，历史应当表达出事情曾经的真正面貌。19 世纪中期的实证主义史学认为，无史料，无历史。历史学家要先收集事实，然后再研究原因。英国历史学家阿诺德·约瑟夫·汤因比（Arnold Joseph Toynbee）将文明作为历史的研究单位，研究文明发展的历史规律。他把西方资本主义文明作为基督教的文明来加以捍卫，希望宗教能阻止西方文明的没落。他站在基督教的立场，认为历史就是上帝创世以来的显灵。中国和其他国家对历史的认识具有差异，西方人的永恒往往存在于彼岸的天国，而中国人注重现实，认为乌托邦不在来世之天国而在过去的历史中，历史就是中国人的永恒存在方式。在中国史学界，李大钊在《史学要论》中对历史进行了比较全面的解释，提出历史展现了人类生活的变迁，是人类生活的行程与连续，它是有生命的，并且不断进步、向前发展。概而言之，"历史就是人类的生活并为其产物的文化"②。庞卓恒在《史学概论》中对中国比较通用的历史进行定义："历史，广义说来，是指宇宙间万事万物发生、发展、灭亡的过程，它是一切事物固有的属性。没有无历史的事物……相对于广义的历史而言，人类社会的发生发展

---

① 葛剑雄、周筱赟：《历史学是什么》，北京大学出版社，2002，第 72 页。
② 中国李大钊研究会：《李大钊全集》第 4 卷，人民出版社，2013，第 519 页。

史即是狭义的历史。"他指出："历史，是已经过去了的事物、现象及其发展过程，它发生于过去，而与现在有着不可分割的联系。"① 由于不同学科对于历史的强调程度不同，除历史学科以外，其他学科也从不同的视角研究历史，并且赋予历史新的解释。苏格兰哲学家、历史学家大卫·休谟（David Hume）在《论历史研究》中阐述了历史的重要价值，他认为，历史是通往其他科学领域的重要渠道。

在文学视域下，文学研究的历史维度强调历史与文本的密切关系，将历史与文本加以融合，从而对社会、文化、政治等诸多方面进行分析。文学具有历史性，文学活动总包含历史，历史是文学构成不可或缺的维度。历史同样具有文学性，我们接触到的历史都是人类社会历史流传下来的各种文本，而各种文本的书写都具有文学性的维度，无论是在历史事实的选取方面，还是在写作过程中，都融入了作者的主观性。诞生于 20 世纪 80 年代的新历史主义用文本来描述历史，指出文学文本与历史关系密切，并将社会形容为由相互关联的政治制度构成的一个大的文本。文本不仅仅是语言表述的载体，也参与了历史的构成。新历史主义认为，文学和历史都不是固定的、静止的，而是在相互塑造中不断生成的。

关于历史是艺术还是科学的问题引发了长期争论。美国历史哲学家、文学批评家海登·怀特（Hayden White）认为，就形式而言，"历史叙事与文学叙事之间存在着更多的相同之处"②。怀特强调历史书写所摄取的文学和语言学资源，他指出，在历史书写的过程中，需要依赖常用的一般术语，比如想象性文学作品中的语词，以及对历史学内在含义进行转义表述的比喻性语言，使用文学的修辞手段能够很好地进行历史诠释。怀特认为历史与虚构之间存在联系，历史研究和书写基本上是一项文学事业。他认为，历史与生活一样，从某种意义上讲，如同小说家创作小说一样，历史学家创造了历史故事。历史事件自身并非天然地是悲剧性的、喜剧性的、

---

① 庞卓恒主编《史学概论》，高等教育出版社，1995，第 2 页。
② White Hayden, *Metahistory: The Historical Imagination in Nineteenth-Century Europe* (Baltimore: Johns Hopkins University Press, 1973), p. 231.

浪漫的或者讽刺性的，它们依靠外部的观察者把它们构建成那些样子，而这些观察者就是历史学家，因此，历史学家的活动是一种文学想象性的活动。怀特认为，究其深层次而言，历史就是一种叙事形式，与它联系最为密切的应当是想象性文学，而非科学。法国哲学家保罗·利科（Paul Ricoeur）同样认为，历史与虚构相互交织，历史书写和虚构表达在作品中分量很重，是因为它们再现了叙事的特定形式。他认为，历史编纂学与文学一样，是一门想象的学科。历史想象从虚构中借用了移情模式，虚构也从历史中借用了叙事模式。在文学视域下，小说常常模仿历史叙事，采用过去式来讲述故事，似乎描述的事件确实来自实实在在的过去。法国思想家米歇尔·德·塞尔托（Michel de Certeau）将历史视为一种实践的形式，认为历史就是文本，它既是一种自我独立的书写形式，又是一种关于过去作品的研究。

除了文学艺术以外，历史也为哲学提供了素材。"什么是历史"既是历史学聚焦的问题，也是哲学关注的问题。意大利哲学家乔瓦尼·巴蒂斯塔·维柯（Giovanni Battista Vico）《新科学》的出版标志着历史哲学的诞生，对历史的探索是历史哲学的永恒主题。维柯的历史哲学把整个人类历史划分为三个时代，这三个时代分别属于神、英雄与凡人，对应赫尔德、黑格尔与孔德的历史哲学。通过对历史规律的探究，他指出历史的中心是人类本身，人类历史是由人类自身创造出来的，因而人类能够认识自己的历史。维柯的思想涵盖了现代历史哲学的两大流派——思辨的历史哲学与分析的历史哲学。德国哲学家约翰·哥特弗雷德·赫尔德（Johann Gottfried Herder）力图在多变的历史事实中去寻求不变的历史规律，强调历史发展本质上的不可重复性和自然演化过程，并肯定了历史先后的继承关系。德国哲学家伊曼努尔·康德（Immanuel Kant）认为，历史是人类由自然状态到社会状态并完美实现人性的过程，强调了历史的合目的性与合规律性。

由于历史既囊括了人类以往各种活动的总体和事件的过程，也涵盖了对这个总体和过程的叙述和说明，历史哲学着重研究历史本身的规律和历史知识的性质。其中，思辨的历史哲学从整体来把握历史进程，分析的历史哲学探讨历史认识的性质和认识历史的方法。黑格尔历史哲学对历史进行总的思考，主张建构哲学的世界历史，揭示历史演进的规律。黑格尔提出："历史的职责，既然不外乎把现在和过去确实发生过的事变和行动收入它的记载之中，并且越是不离事实就越是真实。"① 他把观察历史的方法分为原本的历史、反思的历史、哲学的历史。原本的历史只能囊括一小段时间，描述各个具体个人和某些具体事件。反思的历史涵盖了作为整体的过去，是对哲学的世界历史的过渡。哲学的历史才是"真正的历史"。马克思主义的历史哲学从现实的实践出发，对过去的历史以及人们认识历史的过程和规律进行科学研究，为建构科学的历史认识论创造了重要前提。

哲学和历史无疑具有密切联系，意大利哲学家、历史学家贝内德托·克罗齐（Benedetto Croce）指出，一个真正的哲学问题不会"完全无异于历史判断"，反之则证明这个问题"事实上是不存在的"；而解决一个哲学命题"使历史变得更可理解"，反之只能"证明那个命题及其有关的哲学是武断的"②。历史哲学是用哲学方法面对历史问题，使用历史事实去证明哲学的结论。历史是对思想活动的探究，历史学的内容是精神性的具体生活，与哲学内在统一，在哲学视域下，历史是作为哲学的历史。

马克思主义认为，历史是人通过具体的感性生命活动进行自我确证、自我发展与自我完善的过程，历史实际上是人类社会的历史。马克思指出："整个所谓世界历史不外是人通过人的劳动而诞生的过程，是自然界对人来说的生成过程。"③ 马克思主义哲学立足人们的现实生活去说明历史，通过对人类历史发展的考察，研究历史发展的一般规律，使历史真正地成为一门科学。

---

① 〔德〕黑格尔：《历史哲学》，王造时译，上海书店出版社，2006，第 8 页。
② 〔意〕贝奈戴托·克罗齐：《历史学的理论和实际》，傅任敢译，商务印书馆，1982，第118 页。
③ 《马克思恩格斯文集》第 1 卷，人民出版社，2009，第 196 页。

二 唯物史观与唯心史观

历史观，是人们对历史形成、发展的总体看法和根本观点。从一般意义上来说，历史观是世界观的组成部分，在人类认识自然的同时，也在对人类社会的历史进行认识，这一过程中产生了多种多样的历史观。其中，在对待社会历史发展及其规律的问题上出现了两种截然对立的历史观，即唯物史观与唯心史观。针对思维与存在的关系问题在社会历史领域的反映，我们将唯物史观与唯心史观区别开来。

唯心史观即历史唯心主义，是关于人类社会发展的非科学的历史观。唯心史观把社会存在看作人的意识的自由创造物，认为社会意识决定社会存在，社会的发展主要是靠人们的想法来推动的。在马克思主义诞生之前，人们对于社会历史的认知非常片面。唯心史观的代表人物黑格尔企图突破人本主义的历史观，他将社会历史看作某种纯粹的客观过程，指出人仅仅是实现这个过程的工具。尽管黑格尔提出了历史的规律性，但他以"绝对理性"来描述历史，从而陷入唯心史观之中。费尔巴哈在黑格尔的基础上对历史进行探究，研究人与自然的关系。他认为，社会历史是个人的独立发展，历史过程由人的主观意识支配。尽管费尔巴哈强调了人在历史中的地位，但没有正确把握人的本质，最终在历史观上也陷入了唯心主义。唯心主义者认为，历史不过是"想象的主体的想象活动"①。由于唯心史观将社会意识放在第一位，不理解实践是社会生活的本质，将人们的思想动机视为社会发展的根本原因，将社会历史看作一部精神发展史，因此无法把握历史的客观规律及演变，否认人民群众的决定作用。如今，唯心史观的许多观点始终在社会上传播，例如历史虚无主义思潮的盛行对我国的意识形态安全带来了一定挑战，对人们的历史观造成了影响与危害。历史虚无主义本质上也是从唯心史观出发，对历史进程、历史情节、历史人物采取主观臆断的评价方法，以历史进程中的偶然性现象否定规律性本质，否定历史发展的内在必然性，否定历史唯物主义的核心观点。

---

① 《马克思恩格斯选集》第 1 卷，人民出版社，2012，第 153 页。

唯物史观即历史唯物主义，是关于人类社会发展一般规律的科学的历史观。区别于唯心史观"从观念出发来解释实践"，唯物史观"始终站在现实历史的基础上"，"从物质实践出发来解释各种观念形态"①，正确回答了社会存在与社会意识何者为第一性的问题，得出社会存在决定社会意识的结论。19 世纪中叶，马克思创立了科学的历史观，他将实践作为出发点，找到了社会历史发展的物质根源，指明社会历史及其发展取决于物质实践，而不是为人们的思想意识所决定，从而揭示了历史发展的规律。马克思科学指出，物质生产方式是人类社会发展的决定力量。人类为了生存与发展进行劳动，创造了生产力和生产关系，生产方式作为二者的统一体，是人类社会赖以生存的方式，生产方式及其所体现的关系是不以人们意识为转移的社会存在。唯物史观认为，社会历史的活动和发展是有规律可循的，历史规律具有客观性，人类历史发展的一般规律是通过历史活动的主体和客体之间相互作用而实现的，这构成了人们历史活动的可能性前提，决定了历史发展趋势。人作为全部历史的活动者、组织者和承担者，是历史活动的主体。人的第一个历史活动，就是"生产物质生活本身"。但是人的历史活动不能脱离活动对象而独立存在，历史活动主体所涉及的一切客观事物就是历史活动的客体。历史活动的主体与客体相互制约，相互作用，构成了一种辩证关系。人是历史的主体，历史是人活动的结果，历史规律正是通过这些活动而体现，是人类实践活动在时间中的展开。由此，唯物史观深刻揭示了历史活动的内在规律，说明历史发展是客观的、不以人的意志为转移的一个"自然历史过程"，历史本身就是一个处于变化过程中的有机体。1872 年，恩格斯将马克思主义历史观命名为"唯物史观"，肯定了马克思对历史观实现了革命性变革，并对唯物史观进行正确阐释。恩格斯指出："而自从历史也得到唯物主义的解释以后，一条新的发展道路也在这里开辟出来了。"② 列宁指出："马克思

① 《马克思恩格斯选集》第 1 卷，人民出版社，2012，第 172 页。
② 《马克思恩格斯选集》第 4 卷，人民出版社，2012，第 234 页。

的历史唯物主义是科学思想中的最大成果。"①

第二节　马克思主义历史观教育的理论基础

开展马克思主义历史观教育，我们要首先明确什么是马克思主义历史观，马克思主义历史观解决了哪些问题，中国共产党人是如何用马克思主义历史观解决中国实际问题并将其加以丰富与创新的。只有弄清楚马克思主义历史观教育的理论基础，才能达到用理论来指导实践的目的。

一　马克思恩格斯创立马克思主义历史观

马克思主义历史观诞生之前，唯心主义历史观长期处于支配地位。18世纪的法国启蒙思想家认为，理性是衡量一切的尺度，人们应当从理性角度去看待真理与历史发展之间的关系。空想社会主义者继承了启蒙思想家的这种理性历史观，希望能够建立一个理性并且永恒正义的王国。黑格尔将辩证法引入历史，建立了"绝对真理"的体系。黑格尔将宗教视为永恒真理的体现，认为哲学和宗教具有统一性，其历史观依然是形而上学的。青年黑格尔运动兴起以后，以施特劳斯、鲍威尔等人为代表的青年黑格尔学派对黑格尔的"绝对真理"进行批判，将真理的探索从绝对观念和宗教的客观精神引导到人的主体精神上来，人在历史发展中的主动作用开始得以体现。与此同时，以费尔巴哈为代表的青年黑格尔学派将对黑格尔哲学和宗教关系的批判引导到唯物主义路线，突破了黑格尔的唯心主义体系。但由于费尔巴哈提出的"人"不是现实的人，而是脱离社会生活的抽象的人，无法科学地说明人类的历史发展，其也陷入了唯心主义历史观之中。

马克思主义历史观是由马克思提出的关于人类历史发展一般规律的科学，"是从对人类历史发展的考察中抽象出来的最一般的结果的概括"②。马克思从哲学的一般真理逐步走向探寻历史发展的真理，他认为，历史的

---

① 《列宁选集》第 2 卷，人民出版社，2012，第 311 页。
② 《马克思恩格斯选集》第 1 卷，人民出版社，2012，第 153 页。

发展并不取决于某种精神力量，而是要深入具体现实，结合周围环境的发展才能实现。马克思对黑格尔《法哲学》进行批判，为唯物史观的诞生奠定了基础；完成了《德意志意识形态》《共产党宣言》的创作，系统制定了唯物史观基本理论，并将唯物史观与工人运动相结合。马克思恩格斯通过循序渐进的理论研究，在其哲学思想基础上形成了有关人类历史的产生、发展的规律与一般进程的基本观点。

马克思主义历史观解决的第一个问题就是关于社会的本质问题。马克思在《关于费尔巴哈的提纲》中揭示了社会的本质，"社会生活在本质上是实践的"①。实践的观点是马克思主义哲学的首要观点，揭示了人在认识世界和改造世界中具有能动作用。实践是人们有目的、有意识的自觉活动。一方面，人在自然界中能够发挥其能动作用。自然是人类存在的基础，人存在于自然之中，通过人类活动对自然环境进行改造，使其更加适合人类的生存与发展。另一方面，人存在于社会之中，是社会生活的主体。马克思主义认为，人类的历史是人类社会生活、生产活动及以此为基础所表现出来的阶级和阶级斗争的历史，包括费尔巴哈在内的旧唯物主义者都没有依靠社会实践去认识人类历史，费尔巴哈没能正确把握实践的含义，而是把人类的物质活动、生产活动从社会历史中排除出去了。马克思主义历史观立足实践考察社会现象，证明实践是人类社会的存在方式，社会发展规律是存在并实现于人的实践活动之中的，可以说社会发展规律就是人类实践活动的内在规律。

马克思主义历史观明确了历史的主体是现实的人。关于历史的主体问题，唯心主义始终将社会历史视为一种脱离人而存在的运动过程，因而无法对历史的主体做出正确判断。马克思主义认为，人是"被思考和被感知的社会的自为的主体存在"②，是"全部人类活动和全部人类关系的本质、基础"③。只有从人及其活动出发，才能真正地理解历史。马克思恩格斯在

---

① 《马克思恩格斯选集》第1卷，人民出版社，2012，第139页。
② 《马克思恩格斯文集》第1卷，人民出版社，2009，第188页。
③ 《马克思恩格斯全集》第2卷，人民出版社，1957，第118页。

《德意志意识形态》中，批判了唯心史观提出的"抽象的个人"，将"现实的人"作为研究社会历史的逻辑起点并加以系统论证，确认了从事实践活动的现实的人才是历史的主体，是"一切历史的基本条件"。历史创造者问题与历史主体问题密切相关。唯心主义以英雄史观为核心，否定人民群众的作用，将历史发展视为与人民群众无关的形而上学的主体。马克思主义历史观指明，人民群众是历史的创造者。"历史活动是群众的事业。"①马克思恩格斯批判了唯心主义的英雄史观，指明群众是历史活动的主体，论证了人民群众在创造历史过程中的决定作用。

马克思主义历史观重点研究了历史规律的问题。唯心史观脱离人的活动，从历史之外去寻求历史发展规律，实质上得到的是现实的人的活动的抽象。马克思主义历史观指出历史规律形成并存在于人的活动之中，而人在实践活动中能够认识历史规律并加以运用。马克思恩格斯认为，一方面，历史规律制约着人的自觉活动，通过人们的自觉活动得到实现，并随着人们的自觉活动的改变产生或消失，是不以人的意志为转移的。另一方面，历史规律决定了历史发展趋势，使人的活动具有历史性。针对社会历史发展规律性的研究，马克思恩格斯结合当下实际，分析资产阶级和无产阶级的产生、发展与斗争的过程，阐述历史发展的决定性与选择性因素，提出有关生产力和生产关系以及经济基础和上层建筑的矛盾运动规律。马克思恩格斯科学预测了资本主义社会的发展趋势，得出了"两个必然""两个决不会"的重要结论。历史是合目的性与合规律性的统一，只有正确认识并把握历史规律，充分发挥主观能动性，才能对历史趋势做出科学判断。

关于历史动力的问题也是马克思主义历史观的研究重点。马克思主义历史观将实践视为现实的人类活动，通过对人的本质及其存在方式的分析，从劳动、交往和分工三者的关系出发，对历史动力问题进行阐释，指出社会基本矛盾运动是历史发展的动力。马克思主义历史观认为，人的需要是历史发展的内在动力。马克思恩格斯将人的需要分为生存需要、享受

① 《马克思恩格斯全集》第 2 卷，人民出版社，1957，第 104 页。

需要与发展需要。为了维持个人的生存需要，人们开始进行最初的物质生产，随着需要的逐渐增加，加之各个群体需要的不同，诞生了分工，从而结成了人与人之间的相互关系。分工导致了异化劳动和私有财产的出现，推动了人类历史向前发展。在这一系列过程中，人的需要是不断生成、持续发展的，这就是历史的发展过程。人的需要层次越来越复杂，内容越来越丰富，离人的自由全面发展的目标就越来越近。马克思恩格斯探讨了劳动、交往与分工的关系，指出劳动和交往作为人类最基本的活动方式，共同推动社会的发展，但分工的出现使劳动和交往都发生了异化。只有建立共产主义社会这一自由人联合体，才能使这种异化得到扬弃，使人的劳动和交往实现统一，这是人的自由全面发展的目标。

马克思主义历史观明确了历史发展的进程。马克思主义历史观认为，历史进程就是人以自然为对象的活动的展开过程，是人的现实的生成进程。长期以来，不同的西方哲学家依据物质文明、制度文明、精神文明的发展对人类的历史进程进行不同程度的划分，马克思提出人类历史可以依据所有制性质分成原始社会、奴隶社会、封建社会、资本主义社会与共产主义社会五个发展阶段。马克思主义认为，在社会历史发展过程中，社会形态的更替存在不同的情况，"民族本身的整个内部结构也取决于自己的生产以及自己内部和外部的交往的发展程度"[①]。当民族或国家处于封闭状态时，社会发展的模式以自然形态为主，当交往呈现普遍性，派生形态或超越形态开始产生，历史逐渐转变为世界历史。马克思肯定了人类总体历史进程的不可超越性，与此同时，他指出，社会发展的具体道路呈现多样化，某个民族在一定历史条件下也会有超越一定社会形态的可能，但其超越方向与人类总体历史方向保持一致。马克思提到，东方社会的历史特殊进程决定了其可以不经历资本主义的发展阶段，走出一条与西方不同的发展道路。与此同时，马克思还依据人的发展，将人类历史划分为"人的依赖关系""人的独立性""自由个性"三大社会形态。指明在历史进程中，人首先对人产生直接依赖关系，然后对物产生依赖，最终实现每个人的自

---

① 《马克思恩格斯选集》第1卷，人民出版社，2012，第147页。

由全面发展。恩格斯通过对人类历史进程的总体把握，研究原始社会制度解体和阶级社会的形成，指出了国家随着阶级的消灭和共产主义的胜利而消亡的历史趋势。

二　中国共产党人对马克思主义历史观的丰富与创新

"在革命、建设、改革各个历史时期，我们党运用历史唯物主义，系统、具体、历史地分析中国社会运动及其发展规律，在认识世界和改造世界过程中不断把握规律、积极运用规律，推动党和人民事业取得了一个又一个胜利。"[①] 百余年来，中国共产党人将唯物史观基本原理同我国的具体实际结合起来，团结带领人民长期奋斗，推动党和国家事业取得伟大成就，进行伟大变革，在这个过程中不断对马克思主义历史观进行丰富与创新。

社会存在决定社会意识，正确把握社会存在与社会意识的关系，是科学把握人类社会发展规律的前提。中国共产党始终以我国社会存在的实际为基础，制定并实施相关的方针政策。毛泽东认为："认清中国社会的性质，就是说，认清中国的国情，乃是认清一切革命问题的基本的根据。"[②] 社会性质作为客观存在的事物，不以人的意志为转移，认识一个国家的社会性质，就是认清这个国家的社会存在状况，这是把握国情的基础。毛泽东指出，中国革命战争有其"特殊的情形和特殊的性质"[③]，必须从实际情况出发，认清我国的性质，才能全面地把握我国的革命情况，从而制定科学的战略指导方针。邓小平指出，"我们国家大，人口多，底子薄"[④]，但我国人口众多，幅员辽阔，具备独特的文明，"拥有各种有利条件，一定能够赶上世界上的先进国家"[⑤]。江泽民指出："我们是在旧中国经济文

①　习近平：《坚持历史唯物主义不断开辟当代中国马克思主义发展新境界》，《求是》2020年第2期。
②　《毛泽东选集》第2卷，人民出版社，1991，第633页。
③　《毛泽东选集》第1卷，人民出版社，1991，第171页。
④　《邓小平文选》第2卷，人民出版社，1994，第260页。
⑤　《邓小平文选》第2卷，人民出版社，1994，第260页。

化极端落后的半殖民地半封建社会的基地上，经过新民主主义而建立社会主义制度的。"① 在社会主义现代化建设处于起步阶段背景下，要解决我国前进中面临的问题，就要针对当前我国国情，坚持大力发展生产力。胡锦涛指出："只有始终致力于解放和发展社会生产力，不断增强综合国力，促进社会的协调发展，努力提高群众生活水平，党才能为群众所拥护，才能保持执政地位和国家长治久安。"② 新时代，习近平总书记指出："我们党现阶段提出和实施的理论和路线方针政策，之所以正确，就是因为它们都是以我国现时代的社会存在为基础的。"③ 只有准确把握我国社会物质生活条件、社会基本矛盾状况与社会发展状况，才能制定正确的路线、方针、政策。

生产力与生产关系的矛盾运动规律和经济基础与上层建筑的矛盾运动规律决定了社会形态更替和历史发展趋势。中国共产党人始终坚信"两个必然"，抓住社会形态发展的一般规律，把握我国社会发展不同阶段的复杂性和曲折性，在实践中不断对马克思主义历史观进行丰富发展。中国共产党始终将实现共产主义作为奋斗目标，毛泽东提出："要将中国推进到社会主义社会和共产主义社会去。"④ 但要使中国避免资本主义的前途，实现社会主义的前途，就要从政治制度、国民经济方面为革命创造先决条件。中国坚持社会主义道路并进行改革开放时，恰逢苏联解体和一些社会主义国家演变，邓小平指出，资本主义的暂时复辟"是难以完全避免的规律性现象"，社会主义会"向着更加健康的方向发展"⑤，这并不影响"两个必然"历史进程，只能说明人类历史发展进程的复杂性。邓小平提出社会主义初级阶段理论，用实践证明，改革是发展社会主义的重要方式，从而回答了社会主义社会如何在社会基本矛盾作用下发展，对马克思主义社会形态理论进行了丰富。江泽民指出，中国正处于并将长期处于社会主义

① 《江泽民文选》第 2 卷，人民出版社，2006，第 253 页。
② 《胡锦涛文选》第 1 卷，人民出版社，2016，第 464~465 页。
③ 《习近平关于全面深化改革论述摘编》，中央文献出版社，2014，第 11 页。
④ 《毛泽东选集》第 3 卷，人民出版社，1991，第 1059 页。
⑤ 《邓小平文选》第 3 卷，人民出版社，1993，第 383 页。

初级阶段是当前实际，但"对这个阶段中各种社会矛盾及其演变发展的规律，以及现代化建设各个领域的具体规律，我们目前还处在知之不多、知之不深的状态"①，要搞清楚什么是初级阶段的社会主义，怎样建设处于初级阶段的社会主义。胡锦涛强调，要"正确处理各种社会矛盾，大力促进社会和谐"②，奋力开创中国特色社会主义的广阔发展前景。习近平总书记强调，要"把社会基本矛盾作为一个整体来观察，才能全面把握整个社会的基本面貌和发展方向"。③ 中国特色社会主义是科学社会主义理论逻辑和中国社会发展历史逻辑的辩证统一，必须始终坚定中国特色社会主义自信，不断开创中国特色社会主义事业新局面。

人是历史活动的主体，人民群众是历史的创造者。中国共产党人始终肯定人民群众在历史发展中发挥的重要作用，并善于运用人民主体理论分析解决我国的实际问题。以毛泽东同志为主要代表的中国共产党人，将人民观点、人民立场、群众工作方法以及全心全意为人民服务的根本宗旨贯穿于全党活动之中。毛泽东充分肯定人民群众的重要地位，指出人民创造了财富与文化，"是创造世界历史的动力"④。人民作为革命的主体，拥有源源不断的力量，只有真正得到人民群众的支持与拥护才能取得革命胜利，违背人民群众意志的行为一定会遭遇失败。人民群众不但是历史的创造者，还是国家的主人。在党的七大会议上，毛泽东阐明，党的出发点是"全心全意地为人民服务，一刻也不脱离群众"⑤。他提出人民民主专政理论，规定国家的一切权力属于人民。邓小平指出："党离不开人民，人民也离不开党。"⑥ 中国共产党从群众中来，到群众中去，不为任何力量所改变，始终将人民至上作为做出正确抉择的根本前提。江泽民提出"三个代表"重要思想，阐明党的各项工作必须坚持把人民的根本利益作为出发点

---

① 《江泽民文选》第 1 卷，人民出版社，2006，第 23 页。
② 《胡锦涛文选》第 2 卷，人民出版社，2016，第 276 页。
③ 《习近平在中共中央政治局第十一次集体学习时强调 推动全党学习和掌握历史唯物主义 更好认识规律更加能动地推进工作》，《人民日报》2013 年 12 月 5 日，第 1 版。
④ 《毛泽东选集》第 3 卷，人民出版社，1991，第 1031 页。
⑤ 《毛泽东选集》第 3 卷，人民出版社，1991，第 1094 页。
⑥ 《邓小平文选》第 2 卷，人民出版社，1994，第 266 页。

和归宿，充分发挥人民群众的积极性主动性，使人民群众不断获得切实利益，对"为人民服务"的思想进行与时俱进的继承与发展。胡锦涛提出科学发展观，阐释了坚持以人为本的思想，确认并保证人民群众的主体地位，以最广大人民的利益为根本，促进人的全面发展。新时代，习近平总书记反复强调，中国共产党的根本政治立场就是人民立场，并将"以人民为中心"的思想作为治国理政的鲜明主线。"人民是历史的创造者，是决定党和国家前途命运的根本力量。"① 以习近平同志为核心的党中央带领人民成功打赢脱贫攻坚战，在新冠疫情"大考"中切实做到了人民至上。

处于开放的历史进程之中的马克思主义历史观的运用和发展是全方位的。当今世界"百年未有之大变局"正加速演进，中华民族迎来了从站起来、富起来到强起来的伟大飞跃，实现中华民族伟大复兴进入了不可逆转的历史进程。中国共产党人始终坚持以马克思主义历史观为指导，坚守人民立场，坚定理想信念，以大历史观把握时代发展大势，在总结历史经验中稳步前进，在解决实际问题中不断开辟出中国社会发展的正确道路。

第三节　大学生马克思主义历史观教育的内涵和特征

思想政治教育是我们治党治国的重要方式，中国共产党成立百余年来，始终注重对广大人民群众进行思想政治教育。马克思主义历史观教育是思想政治教育的重要组成部分，是大学生成长成才不可或缺的重要内容。开展大学生马克思主义历史观教育，我们要明确马克思主义历史观教育的内涵，切实把握大学生马克思主义历史观教育的时代内涵与鲜明特征。

一　大学生马克思主义历史观教育的内涵

马克思主义历史观教育，是指无产阶级政党领导的国家为使人民树立

---

① 《习近平谈治国理政》第3卷，外文出版社，2020，第16页。

马克思主义历史观并能践行马克思主义历史观而开展的教育实践活动。在马克思主义历史观教育过程中，教育者要制定正确的教育目标，运用丰富的教育载体，针对不同的教育对象，选择符合其特点的教育内容，以取得良好的教育效果。高校大学生作为新时代青年中的高素质群体，接受高水平的教育，是实现中华民族伟大复兴的主力军。大学生马克思主义历史观教育，是高校有目的、有计划地培养大学生形成马克思主义历史观的教育实践活动。新时代，我们要通过马克思主义历史观教育，使大学生立足世界"百年未有之大变局"与中华民族伟大复兴的战略全局，正确看待历史，把握社会历史发展趋势与规律，做到知史爱党、知史爱国，成为新时代国家发展、民族振兴的后备力量。

大学生马克思主义历史观教育要充分把握新的时代背景。在不同时代背景下，大学生马克思主义历史观教育的内涵也有所不同。回望过去，马克思、恩格斯站在时代制高点，对人类社会历史加以考察，得出了资本主义必然灭亡、社会主义和共产主义必然胜利的科学结论。当前，从国际形势上看，世界"百年未有之大变局"正加速演进；从国内形势上看，实现中华民族伟大复兴进入了不可逆转的历史进程。因而，我们要培养大学生广阔的历史视野，使其树立大历史观、大时代观，科学把握"百年未有之大变局"与中华民族伟大复兴的战略全局，从历史长河、时代大潮中分析演变机理、探究历史规律。

大学生马克思主义历史观教育要做到理论教育、历史教育与现实教育的统一。理论是实践的先导。大学生马克思主义历史观教育要以马克思主义历史观基本理论教育为根基，引导大学生把握基本理论知识，明确历史是人类有意识地改造世界的实践活动，历史发展的主体是人民群众，历史发展的根本动力是社会基本矛盾运动，历史发展的趋势是"两个必然"，历史发展的最终目的是实现人的自由和全面发展，从而打好理论基础。"以史为鉴，可以知兴替。"[1] 我们要通过世界社会主义发展历史教育，使

---

[1] 《庆祝中国共产党成立100周年大会在天安门广场隆重举行》，《人民日报》2021年7月2日，第1版。

大学生明确社会主义国家发展演变的历史过程，从世界社会主义发展历史中把握人类社会发展的基本规律，得出中国特色社会主义是人民的选择、历史的选择的必然结论，从而自觉地践行初心使命。进行大学生马克思主义历史观教育要开展中国特色社会主义伟大实践的现实教育。历史可以映照现实，也可以观照未来。我们要教育大学生学习中国共产党百年奋斗的重大成就与历史经验，"从党的百年奋斗中看清楚过去我们为什么能够成功、弄明白未来我们怎样才能继续成功"①，从中汲取前进的智慧与力量，积极投身中国特色社会主义伟大实践，不断从胜利走向胜利。

大学生马克思主义历史观教育要始终以习近平总书记关于历史观的重要论述为指导思想。习近平总书记关于历史观的重要论述对于新时代大学生树立正确的历史观以及怎样树立正确历史观具有重要指导意义。大学生马克思主义历史观教育必须以习近平总书记关于历史观的重要论述为指导思想，教育大学生明确学习历史的重要意义，学会坚定历史自信，科学把握历史发展的主题主线、主流本质，旗帜鲜明反对历史虚无主义。

大学生马克思主义历史观教育要做到以培养时代新人为教育目标。习近平总书记指出，高校思想政治工作必须"不断提高学生思想水平、政治觉悟、道德品质、文化素养，让学生成为德才兼备、全面发展的人才"。② 立德树人是当前我国人才培养的核心理念，也是高校思想政治教育的根本任务。我们必须将立德树人理念深入贯彻落实到大学生马克思主义历史观教育中，不断丰富教育内容、改革教育方法。一方面，要培养大学生成为具备扎实理论知识、突出创新能力的高素质创新型人才；另一方面，要教育大学生坚定共产主义信仰，坚定理想信念，树立正确的世界观、人生观、价值观，为社会主义建设接续奋斗，成为担当民族复兴重任的时代新人。

---

① 《中共中央关于党的百年奋斗重大成就和历史经验的决议》，人民出版社，2021，第2页。
② 《习近平在全国高校思想政治工作会议上强调 把思想政治工作贯穿教育教学全过程开创我国高等教育事业发展新局面》，《人民日报》2016年12月9日，第1版。

二 大学生马克思主义历史观教育的特征

我们开展大学生马克思主义历史观教育，要明确教育的时代内涵，也要将教育的基本特征灵活运用到教育实践中，确保大学生马克思主义历史观教育取得实效。

大学生马克思主义历史观教育是政治性与学理性的统一。首先，大学生马克思主义历史观教育具有鲜明的意识形态特征，具体而言，是以维护和传播意识形态为目标，引导大学生转变其不符合政治要求的认知、态度与行为。马克思主义指出，在阶级社会里，思想政治工作是统治阶级维护本阶级利益、巩固阶级统治的工具。思想政治教育必须把培养社会主义建设者和接班人作为根本任务，马克思主义历史观教育必须始终为中国共产党领导的中国特色社会主义事业服务，为中国特色社会主义现代化建设服务。开展马克思主义历史观教育，引导大学生对中国特色社会主义充满自信，厚植爱党爱国情怀，为努力实现共产主义远大理想、实现中华民族伟大复兴的中国梦而奋斗。马克思主义历史观教育从学理的角度揭示了马克思主义的真理性。马克思主义之所以能够团结群众，之所以能够说服群众，就因为它具有内在的科学性和学理性，能够帮助广大群众正确认识客观事物及其规律。学理性关乎教育的科学性和真理性，开展大学生马克思主义历史观教育，我们要从学理上有针对性地对马克思主义历史观进行深入解读，并以学理性的方式引导大学生从对历史的深入学习思考中汲取智慧和力量，以严谨的逻辑、透彻的学理引导大学生学习马克思主义历史观相关理论，对理论与实践中的问题加以阐释，做到以理服人。大学生马克思主义历史观教育始终坚持政治性，注重学理性，用正确的政治导向引领学术表达，使学术表达坚持正确的政治方向，做到以政治引领学理，用学理阐释政治。

大学生马克思主义历史观教育是价值性与知识性的统一。价值性与知识性是思想政治教育兼具的两种基本属性，二者相辅相成，密不可分。思想政治理论课以知识为载体，通过传授知识使大学生树立理想信念，实现对当代大学生的价值观塑造。马克思主义历史观教育的重要特征是以知识传授对大学生进行价值引导。具体而言，大学生马克思主义历史观教育以马克思主义历史观相关知识传授为支撑，提升大学生对马克思主义历史观基本理论的认知，提高其理论素养；以价值引导为目标，帮助大学生明确正确的价值判断及价值选择，在理性分析和思辨中确立积极进取的人生态度，提升综合素质，从而达到学史明智、以史育人的目的。同时，教师要注意在面对价值性与知识性时不能顾此失彼，有所偏移。只强调价值性的作用，会使教育失去应有的知识教育意义，无法充分体现教育的思想性与理论性；只侧重知识性的作用，就无法充分发挥教育的价值引领作用。当代大学生对思想政治理论课具有知识需求和价值需求，大学生马克思主义历史观教育要紧跟时代要求，只有探寻大学生思想成长规律，才能充分释放马克思主义历史观教育教学的活力，增强高校立德树人的教育效果，实现价值性与知识性的有机融合。

大学生马克思主义历史观教育是理论性与实践性的统一。马克思主义本身就是理论与实践的统一，其理论性体现为马克思主义理论体系揭示了关于自然界、人类社会和思维发展的一般规律，是一个具有深刻理论性的科学体系，是人民群众强大的思想武器；其实践性体现为马克思主义不仅指导人民群众科学地认识世界，还引领人民群众积极地改造世界。在大学生群体中广泛开展马克思主义历史观教育，目的就是让学生在理论学习的基础上，从国家发展的现实需要出发，勇于应对新的时代形势，解决新的时代问题。大学生马克思主义历史观教育具有理论性。我们在教育过程中，应当注重对大学生的理论教学，筑牢大学生的理论根基，使大学生深入认识马克思主义基本原理，学会运用历史唯物主义的立场、观点、方法分析、解决问题。大学生马克思主义历史观教育也具有实践性。思想政治教育本质上也是一种实践活动，在思想政治理论课教学中，教师的教育活动和学生的学习活动都具有实践性。大学生马克思主义历史观教育要重视教学内容的实践性，也要重视教学方法的实践性，将抽象的理论知识融入具体的实践行动中，并结合大学生当前的思想实际，使教学内容契合大学生的实践需求，着力解决大学生的现实问题，使马克思主义历史观教育最终落实到师生教与学的育人实践过程之中。

大学生马克思主义历史观教育是主导性与主体性的统一。在思想政治理论课教学过程中，教师是教育的主导者，而学生是教学的对象，提高学生的思想政治水平和道德素质是思想政治理论课教学的意义所在。大学生马克思主义历史观教育既具有教师的主导性，又具有学生的主体性。大学生马克思主义历史观教育强调充分发挥教师在教育中的主导性作用。这表现在教师在教育的目标、内容、方法等方面的主导作用，也表现在教师在教育过程中充分发挥自身的示范作用。教师要合理选择教育内容，采用符合客观需要的教育方法，创设马克思主义历史观教育情境，对整个教育过程进行调控，引导大学生历史观培育的方向。同时，教师要做到以身作则，充分发挥自身的示范作用，帮助大学生正确评判具体的社会问题，及时给予其正确引导。大学生马克思主义历史观教育同样强调充分发挥学生在教育中的主体性作用。大学生在接受马克思主义历史观教育的过程中，不是完全被动的客体，而是现实活动的主体，只有有效激发大学生的主体性，才能使马克思主义历史观教育的教学内容和理论知识转化为大学生的基本素质。这就要求教师在教育过程中更多地采取互动交流模式，调动大学生的积极性，使师生之间形成有效联动。同时，要培养大学生主动探索的兴趣，使他们在自我学习、感悟中将马克思主义历史观教育内容内化。

第四节　大学生马克思主义历史观教育的重要作用

习近平总书记在党史学习教育动员大会上指出，全党同志要做到"学史明理、学史增信、学史崇德、学史力行"①。开展大学生马克思主义历史观教育，能够使大学生群体树立正确的历史观，形成独立的思维辨别能力

①　习近平：《在党史学习教育动员大会上的讲话》，人民出版社，2021，第11页。

和坚定的理想信念。通过对马克思主义历史观的全方位学习，大学生能够树立共产主义远大理想和中国特色社会主义共同理想，坚定"四个自信"，弘扬社会主义道德，践行爱国主义精神，成为担当民族复兴重任的时代新人。

一 培养大学生树立远大理想

理想体现了人们对美好生活的向往和追求，是国家繁荣昌盛的精神动力。为了全人类的发展，马克思主义提出了共产主义理想这一理想形式，共产主义理想以实现共产主义为奋斗目标，是人类历史上最美好、最科学、最崇高的理想，也是人类社会发展的最终方向和终极目标。在社会主义国家的一定历史时期，共产主义理想又具体表现为阶段性的共同理想。中国特色社会主义共同理想即坚定对中国共产党的信任，坚定走中国特色社会主义道路，坚定实现中华民族伟大复兴。高校通过马克思主义历史观教育，对大学生群体施加有目的、有计划、有组织的影响，使大学生确信共产主义是人类社会发展的必然趋势，培养大学生为共产主义而奋斗终身的坚定意志、高尚情操和共产主义思想道德品质，教育大学生将伟大的共产主义理想与每个人当前所担负的具体任务联系起来，从而将远大理想与共同理想内化于心、外化于行。

第一，有利于大学生深刻体悟树立共产主义远大理想和中国特色社会主义共同理想的理论意义。坚定远大理想与共同理想，首要的就是要坚守马克思主义信仰。远大理想与共同理想充分体现了现实与超越的统一性。中国共产党成立之初，就把实现共产主义作为追求和奋斗的目标。实践证明，中国特色社会主义道路不仅预示着中华民族的光明前景，也代表着人类社会的发展方向，必将为实现共产主义打下坚实的基础。在实现远大理想的过程中，中国共产党人始终以马克思主义基本理论为指导，以坚定的共产主义理想信念披荆斩棘。对于大学生群体而言，科学的信仰能够激励其健康成长，塑造其良好的人格，而坚定的信仰来源于清晰的理论认知。只有通过学习马克思主义的科学世界观和方法论，明确科学社会主义是中国特色社会主义的根源，把握世界社会主义发展规律，才能培育大学生对马克思主义的坚定信仰，使其坚定中国特色社会主义信念不动摇，树立为共产主义而奋斗的远大抱负，成为远大理想与共同理想的坚定信仰者。

第二，有利于大学生深刻领悟树立共产主义远大理想与中国特色社会主义共同理想的实践意义。"认识从实践始，经过实践得到了理论的认识，还须再回到实践去。"① 理想离不开具体的实践。实践证明，社会主义在中国的发展史是一部中国共产党人奋斗史。共产主义远大理想和中国特色社会主义共同理想体现了理论与实践的统一，共产主义远大理想是中国的革命和建设的理论指导，实践证明了其合理性，而实现中国特色社会主义共同理想是历史的必然趋势，建设中国特色社会主义是由实践得出的必然结论，也是民族富强昌盛的必由之路。马克思主义历史观教育是理论和实践的融合。大学生通过学习"四史"，跟随党领导的革命、建设、改革的伟大实践，明确中国走社会主义道路是近代中国历史发展的必然选择，也是中国人民的必然选择；通过学习革命先烈坚定理想信念的奋斗精神，勇于肩负时代重任，践行振兴民族的历史使命，成为共产主义远大理想和中国特色社会主义共同理想的忠实践行者。

二 教育大学生坚定"四个自信"

"四个自信"作为一个有机整体，是中国特色社会主义理论、道路、制度和文化建设的目标指向，是中国共产党的重要理论成果，不断向前推进中国特色社会主义伟大事业，必须始终坚定"四个自信"。进入新时代，大学生肩负着特殊的历史使命，坚定"四个自信"是党和国家对新时代大学生提出的要求。开展大学生马克思主义历史观教育，有利于帮助大学生群体深化对"四个自信"相关问题的认知，增强大学生对中国特色社会主义的认同，最终上升至自信层面，从而引导大学生确立中国特色社会主义理想信念，培养其成为社会主义建设者和接班人。

中国特色社会主义道路是中国共产党领导中国人民在马克思主义指导

---

① 《毛泽东选集》第 1 卷，人民出版社，1991，第 292 页。

下走出的一条适合中国国情的道路，是中华民族走向富强的道路，是中国人民共同富裕和全面发展的道路。坚定"四个自信"，首先就要坚定道路自信。我们要通过马克思主义历史观教育，向大学生讲清中国特色社会主义道路的形成和发展过程，使其了解中国选择社会主义道路如何推动世界范围内社会主义力量的壮大，如何开辟世界走向现代化的崭新道路，如何为人类解放作出重要贡献，从而明确只有社会主义才能救中国，只有中国特色社会主义道路是适合中国国情的。中国特色社会主义道路是社会主义模式的创新，具有鲜明的中国特色。对于大学生群体而言，只有正确认识走中国特色社会主义道路的必要性与合理性，才能树立坚定的政治立场与正确的理想信念。

中国特色社会主义理论体系是指导党和人民实现中华民族伟大复兴的科学理论。大学生只有了解、认同中国特色社会主义理论，并加以科学把握，才能做到用科学理论来指导伟大实践。当前西方资本主义国家对我国的意识形态进行进攻和侵蚀，对中国特色社会主义理论体系进行曲解。开展大学生马克思主义历史观教育，使大学生掌握唯物史观基本原理，运用马克思主义世界观和方法论来观察世界和分析问题，抵制西方国家的思想意识形态渗透，坚定对马克思主义的信仰，构筑中国特色社会主义理论认同。大学生通过"四史"学习，明确中国特色社会主义发展的历程，从中国共产党在领导中国人民进行革命、建设和改革的实践中，总结中国共产党增强理论自信的历史经验，树立对党的基本理论的高度自信。

中国特色社会主义制度是中国共产党对传统社会主义模式的创新，具备鲜明的中国特色、明显的制度优势与强大的自我完善能力。坚定制度自信，就是坚持人民代表大会制度，坚持中国特色社会主义市场经济制度，坚持将党的领导、人民当家作主、依法治国有机结合。与西方资本主义制度相比，中国特色社会主义制度以马克思主义为指导，具有深厚的中华文化底蕴，是党领导人民在长期实践探索中逐步形成的，具备深厚的理论与实践基础，彰显了强大的生命力。大学生要树立制度自信，就要明确中国特色社会主义制度的探索和发展历程，认识其本质优越性，对中国特色社会主义制度充满信心。开展大学生马克思主义历史观教育，使大学生把握人类社会发展的客观规律，明确人民群众的历史地位，从而认识到中国特色社会主义制度是切实保障人民当家作主，具备深厚群众基础的，也是符合社会发展必然趋势，符合人类社会发展客观规律的。

中国特色社会主义文化代表中华民族独特的精神标识，是鼓舞全党全国各族人民奋勇前进的强大精神力量。坚定文化自信，就要具备高度的文化自觉和文化担当精神，对优秀的中华文化充满信心。中国特色社会主义文化是推动革命、建设、改革事业走向胜利的宝贵精神财富，实现中华民族伟大复兴，需要以中国特色社会主义文化振奋民族精神，增强民族信心，奋发图强。大学生要了解掌握中国特色社会主义文化的传承与创新，才能增进文化认同，建立高度的文化自信。开展大学生马克思主义历史观教育，从历史传统中汲取文化营养，挖掘中华优秀传统文化，感悟近代以来，党领导人民在革命、建设、改革进程中培育形成的革命文化和社会主义先进文化，提高大学生的人文修养水平，在传承中华民族的文化基因中更好地坚定文化自信。

三 培育大学生弘扬社会主义道德

社会主义道德是以马克思主义的世界观为指导，由无产阶级自觉培养起来的道德。只有具备良好的思想道德修养、正确的思想道德观念、较高的思想道德素质，才能做到心中有敬畏，行动有规矩，做事有底线，从而更好地维护社会的公平正义以及广大人民的利益。高校要肩负起培养社会主义建设者和接班人的重任，坚持把立德树人作为根本任务。马克思主义历史观教育能够培育大学生弘扬社会主义道德，使其做到崇尚道德，明辨是非。

第一，有利于大学生崇尚对党忠诚的大德。共产党人首要的政治品质是对党忠诚，"崇尚对党忠诚的大德"[①]，忠于党的事业，始终坚定不移地跟党走。中国共产党在百年历程中历经艰辛与磨难，千千万万党员一以贯

---

① 《习近平在青海考察时强调 坚持以人民为中心深化改革开放 深入推进青藏高原生态保护和高质量发展》，《人民日报》2021 年 6 月 10 日，第 1 版。

之地忠于党，忠于党的事业，用自己的青春与生命书写对党忠诚的大德，因而党从未被敌人所打倒，从未被困难所击垮。对于大学生群体而言，要通过马克思主义历史观教育，认真学习党的历史，以革命先辈为镜，感悟并崇尚一代代共产党人对党忠诚的大德。忠诚是具体的、实践的，体现为对党的信仰忠诚，对党组织忠诚，对党的理论和路线方针政策忠诚。大学生要做到坚守对马克思主义的信仰，坚定社会主义、共产主义必胜的信念；坚持忠诚于党组织、服从于党组织，自觉接受党组织安排和纪律约束；坚持以习近平新时代中国特色社会主义思想为指导，从而补足精神之钙、把稳思想之舵。

第二，有利于大学生树立造福人民的公德。公德就是为了维护人民安宁与幸福展现的良好品行与高尚情操。大学生作为社会成员中整体文化素质较高的群体，更要树立良好的公德意识，"崇尚造福人民的公德"[①]，从而使整个社会思想道德水平得到全面提升。长期以来，在中国共产党领导人民革命、建设和改革的征程中涌现了许多榜样，留下了许多真挚感人的事例和可歌可泣的故事，中国共产党人用自己的实际行动弘扬了革命精神，使红色基因得以传承。新时代，在全面建成社会主义现代化强国、实现中华民族伟大复兴中国梦的征程中道德模范依然层出不穷，他们牢记党的初心使命，不断造福人民，崇德向善，砥砺前行，引领着积极的社会价值导向，成为催人奋进的引路人。榜样的力量始终是无穷的，开展大学生马克思主义历史观教育，有利于引导大学生向榜样学习，站稳人民立场，始终将人民放在心中最高位置，营造良好的社会文明风尚。

第三，有利于大学生培养严于律己的品德。"国无德不兴，人无德不立。"[②] 思想道德素质能够反映出一个人的思想道德境界、水平，以及人格状况。当前，大学生群体正处于各种观念形成的关键时期，而开放的信息时代为其提供了多元的信息渠道。对于思想观念尚未成型的大学生而言，

---

① 《习近平在青海考察时强调 坚持以人民为中心深化改革开放 深入推进青藏高原生态保护和高质量发展》，《人民日报》2021年6月10日，第1版。

② 《习近平谈治国理政》，外文出版社，2014，第168页。

要防止不良社会思潮对其思想道德观念的侵蚀渗透，就要帮助其提高自身品德修养，使其树立正确、科学的道德观念，养成高尚的道德习惯，磨炼良好的道德意志，"崇尚严于律己的品德"①。马克思主义历史观教育凝结了坚定的政治理想、价值观念和道德诉求，蕴含着深厚的政治智慧和道德养分，其具有的教化、引导、激励等功能在大学生思想道德建设中有着独特作用。高校通过开展马克思主义历史观教育，对大学生的道德观念进行正面的引导，使大学生从百年党史的学习中，感悟共产党人严于修身律己、自觉接受监督、严格家教家风的伟大品格，从而提高自身的思想觉悟，形成正确的道德意识，付诸道德实践。

四　引导大学生践行爱国主义精神

爱国主义作为一种伟大的民族精神，是国家生存、发展、持续壮大的宝贵精神财富。《新时代爱国主义教育实施纲要》提出，要通过思想政治教育，引导青少年树立热爱祖国并为其献身的思想意识。新时代高校青年学生作为教育的主体，要"将爱国主义精神贯穿于学校教育全过程"②。马克思主义历史观教育是新时代培养大学生爱国主义情感，践行爱国主义精神的客观需要，大学生只有明确爱国主义精神的内涵，筑牢爱国主义精神的思想根基，才能激发爱国主义精神，从而实现爱国主义精神的知行合一。

第一，有利于大学生明确爱国主义精神的内涵。爱国主义作为一个历史范畴，其理论体系具有鲜明的历史特征与时代特色。在各个历史时期，爱国主义都有着各自的具体内容，而不同的阶级、不同的民族也有着不同的爱国主义内容。马克思主义经典著作中蕴含着系统的爱国主义思想，中华优秀传统文化中也凝聚了丰富的爱国主义思想。长期以来，爱国主义思想不断传承发展，在爱国主义理论建设的过程中，形成了中国特色的爱国主义理论体系。开展大学生马克思主义历史观教育，对几千年来中华民族

---

① 《习近平在青海考察时强调 坚持以人民为中心深化改革开放 深入推进青藏高原生态保护和高质量发展》，《人民日报》2021年6月10日，第1版。

② 《中共中央 国务院印发〈新时代爱国主义教育实施纲要〉》，中国政府网，https://www.gov.cn。

的发展历史、文化传统加以系统深入的解读，引导大学生挖掘从古至今的爱国主义思想、爱国主义实践、爱国人物和事件，从中总结出规律性的内容并使之上升为理论，使大学生深入理解爱国主义的理论体系与思想内涵，起到真正的教育作用。

第二，有利于大学生形成爱国主义情感。爱国主义贯穿中华民族发展历史，植根于中华优秀传统文化。过去，中华民族曾受到帝国主义侵略者、封建统治阶级、官僚资产阶级的侵略、剥削、压迫，不断奋起抗争，形成了深厚的爱国主义情感。近代以来，中华民族一步步从救亡图存到走向复兴的艰辛历程，也是中国人民坚持和发扬爱国主义精神的历程。思想政治教育要将爱国情怀植入大学生的内心深处。开展大学生马克思主义历史观教育，使大学生在回顾革命先辈们的艰辛斗争过程中受到启发，认识到取得中国特色社会主义伟大成就离不开爱国主义精神，夺取新时代中国特色社会主义伟大胜利依然需要爱国主义精神，从革命历史中汲取奋发向上的前进动力，激发自身的爱国主义情感。

第三，有利于大学生坚定爱国主义的信念。我们要通过思想政治教育，激发大学生的爱国热情，引导大学生主动、积极地表达对祖国的热爱。因此，在教育过程中，需要引导大学生不断深化理性认识，让情感上升为坚定的信念。开展大学生马克思主义历史观教育，在教育大学生学习史实的同时，帮助其多角度全方位地理解爱国主义精神，使大学生以唯物史观去认识历史，尊重历史，树立坚定的爱国主义信仰，明确历史发展的规律，投身于实现共产主义的伟大实践之中。大学生只有从理性角度和现实角度去认识我国的历史，才能对未来作出科学的判断，弘扬爱国主义精神，从而筑牢爱国主义思想根基。

第四，有利于大学生实现爱国主义的知行合一。习近平总书记提出，"热爱祖国是立身之本、成才之基"[1]，"新时代中国青年要珍惜这个时代、担负时代使命，在担当中历练，在尽责中成长"[2]。因而，我们要通过思想

---

[1]　习近平：《在纪念五四运动 100 周年大会上的讲话》，《人民日报》2019 年 5 月 1 日，第 2 版。
[2]　习近平：《在纪念五四运动 100 周年大会上的讲话》，《人民日报》2019 年 5 月 1 日，第 2 版。

政治教育实践，培育新时代大学生的使命与担当，使其树立远大理想，形成热爱伟大祖国、勇于砥砺奋斗的精神，把爱国主义情感转化为行动自觉，实现以知促行。开展大学生马克思主义历史观教育，教育大学生从"四史"中继承优良传统，明确自己在社会、国家中应该担负的历史使命，从而主动承担起历史的责任，将爱国之情与强国之志，转化为报国之行，成为新时代勇于担当的社会主义建设者和接班人。

第二章

大学生马克思主义历史观教育的必要性

世界百年未有之大变局正在加速演进。中华民族迎来了历史关键节点，踏上了全面建设社会主义现代化国家、向第二个百年奋斗目标进军的新征程，中华民族伟大复兴进入不可逆转的历史进程。科学把握国际、国内形势，实现我国社会主义现代化建设目标，亟须加强马克思主义历史观教育。大学生是青年群体中的精英，其理想信念关乎着民族和国家的未来。对大学生群体开展马克思主义历史观教育，是时代发展的必然要求，有利于引导大学生站在"两个一百年"奋斗目标的历史交汇点上，把握党和国家所处的历史方位，树立强烈的历史责任感和历史使命感，为社会主义建设贡献力量。

第一节　应对"百年未有之大变局"

当前，"百年未有之大变局"加速演进，国际格局和国际体系正在发生深刻变化，全球治理体系正在发生深刻变革，国际力量对比正在发生近代以来最具革命性的变化。百余年来，社会主义国家逐渐崛起，在国际上获得了越来越大的话语权，西方社会逐渐陷入发展颓势，资本主义相比社会主义的优势不断减弱。对于大学生而言，面对风云变幻的国际形势，必须以唯物史观为指导，以正确的历史观深刻把握新时代世界发展大势。

一　资本主义发生新变化

十月革命取得胜利，俄国在世界范围内建立了第一个社会主义国家，就此开启了资本主义制度和社会主义制度共存的时代。二战之后，东欧出现了一系列社会主义国家，中华人民共和国诞生在世界东方，这意味着社会主义制度从一国发展到多国，从而形成了与资本主义体系对立的社会主义体系。到了 20 世纪 80 年代末 90 年代初，东欧剧变，苏联解体，在世界社会主义运动处于低潮之际，中国克服了重重困难，走出了一条中国特色社会主义道路，并为其他国家发展社会主义提供了宝贵的经验。当前，世界进入经济动荡、格局调整、体系变革的新阶段，资本主义和社会主义两种制度的竞争日益激烈。资本主义制度和社会主义制度之间将不再只是单纯以科技、军事、经济为内容的实力竞争，而且还是一种以文明、意识形态和价值观为核心的道路之争。对于大学生群体而言，就要通过马克思主义历史观教育，以唯物史观准确认识资本主义制度的最新变化，把握社会主义发展的新形势，做到在危机中孕育先机，在变局中开拓新局。

自 20 世纪中叶，当代资本主义逐渐进入国家垄断资本主义阶段。几十年来，新科学技术革命使生产力发生了巨大飞跃，由此引发的生产关系变革渗透到资本主义社会的各个方面之中，资本主义国家自身也在各方面不断进行自我调整，当代资本主义在生产力、生产关系、阶级结构、社会矛盾、分配方式、运行机制等诸多方面都呈现出了新的形态。一是资本主义生产资料所有制发生了变化。国家与垄断资本相结合使得国家垄断资本主义不断发展，国有经济、股份制经济逐渐替代了传统的资本主义私有制经济，资本主义生产资料所有制股权逐渐分散化。这一时期，资本主义由国家垄断资本主义阶段上升到国际垄断资本主义阶段，资本的占有同资本在生产中的运用之间的分离集中表现为企业经营权和所有权的分离，并且对世界市场也造成了很大影响。二是资本主义分配与消费发生了变化。在资本主义分配方面，资本家采取了一系列激励制度来平衡收入与社会福利水平，例如，资产阶级允许资本主义企业的雇员和职工购买企业股票，持有公司部分分散的股份，并允许职工参与决策；资本主义国家普遍采用社会福利制度调节收入分配，提高社会保障水平。但随着社会需求的增加以及税收能力的下降，一些国家逐步降低社会福利，开始采取经济上的新自由主义，而物质资料的极大丰富以及传媒影响力的不断增加导致消费主义在资本主义社会不断泛滥。三是资本主义劳动过程发生了变化。随着科学技术的不断发展，对于劳动者而言，其劳动逐步脱离了简单机械化而愈发多样化，劳动环境得到改善，劳动力素质不断提高。对于劳动产品而言，劳动生产的产品不再只是具象的物品，还涉及抽象的情感、信息等，即由物质劳动向非物质劳动转变。四是资产阶级与无产阶级的内部结构发生了深刻改变。就资产阶级与无产阶级本身而言，资本主义生产资料所有权和企业经营权的分离导致经理阶层的产生，高级职业经理人控制着整个企业的生产经营活动，成为当代资产阶级的主要组成部分；在无产阶级队伍中，以脑力劳动为主的白领工人逐渐增多，无产阶级的劳动方式由体力型向知识型转变。资产阶级与无产阶级的关系也由对抗向合作逐渐转化，阶级矛盾从某种程度上得到了一定缓解。

尽管当今资本主义发生了一系列新变化，但资本主义内部的矛盾依旧存在，生产关系的局部调整无法使资本主义的本质发生改变，资本主义制度的内在矛盾是不可能完全被克服的。资本主义采取的一系列措施并没有改变资本增殖的本质，只会在推动经济发展的同时，加速资本主义私人占有与生产力发展的社会化趋势的冲突，使矛盾爆发，引起经济危机。国家垄断资本主义并不能使国家实现对生产的绝对把控，资本主义国有制实质上是垄断资本家的共同所有制，是为国家资本增殖进行服务的，目的是获得更多的垄断利润，维护的依然是资本家的利益。无论是职工持股制度还是国家福利制度都不代表剥削与压迫的消除，只能意味着资本对劳动的剥削日渐社会化。马克思指出："吃穿好一些，待遇高一些，特有财产多一些，不会消除奴隶的从属关系和对他们的剥削，同样，也不会消除雇佣工人的从属关系和对他们的剥削。"[①] 受到债务危机的影响，国家福利制度愈

---

① 《马克思恩格斯文集》第 5 卷，人民出版社，2009，第 714 页。

发难以为继，国家福利待遇的削减只会激化社会阶级矛盾。而消费主义的盛行使得消费和生产的矛盾不断积累，当消费和生产无法取得一致时又将引发新的经济危机。此外，尽管当代资本主义劳动过程的变化似乎使劳动者降低了对资本的依赖，但实质上劳动者依然处于资本的控制中，无法摆脱劳资关系，仍受资本的奴役。因而，只要社会生产资料依旧为资产阶级所占有，资本主义社会就无法真正消灭剥削和压迫，社会的两极分化只会不断加深，阶级矛盾的逐渐激化也就无法避免。

唯物史观证明，无论资本主义如何变化，其本质和基本矛盾没有改变，人类社会发展的趋势和规律没有改变，只有社会主义制度才能解决资本主义制度无法消除的内在矛盾。我们要通过马克思主义历史观教育，使大学生科学把握资本主义的新变化，认识并发挥社会主义制度的优越性，坚定中国特色社会主义制度自信。一是明确社会主义制度具有资本主义制度所无法比拟的优越性。"社会主义的优越性归根到底要体现在它的生产力比资本主义发展得更快一些、更高一些，并且在发展生产力的基础上不断改善人民的物质文化生活。"① 社会主义在与资本主义的合作、竞争中充分发挥自身的制度优势，从而不断前进，逐渐增强战胜资本主义的实力。进入新时代，我国已成为世界第二大经济体、世界第一大外汇储备国、世界第一大贸易国，国际影响力大幅提升，这充分显示出社会主义制度的优越性，两种社会制度的力量对比发生了转变。二是帮助大学生充分认识现阶段资本主义制度和社会主义制度依然会长期共存。资产阶级的灭亡和无产阶级的胜利不可避免，但在短期内，社会主义制度不可能完全取代资本主义制度，资本主义和社会主义两种制度在世界范围内共存的格局将会保持很长一段时期。随着经济全球化进程提速，各国间的经济依存度愈发增强，发展问题成为世界各国需要共同面对的问题，资本主义国家与社会主义国家之间的联系也逐渐增强。社会主义在几十年的发展过程中批判继承、吸收了对自身发展的有利因素，采用资本主义一些合乎经济规律的科学管理经验推动自身建设。资本主义制度为了维护自身利益，缓和内在矛

---

① 《邓小平文选》第 3 卷，人民出版社，1993，第 63 页。

盾，也会借鉴社会主义经济运行机制和某些做法。但资本主义的科技进步、经济增长和全球化战略并不能从根本上消除资本主义的弊端。因此，在新的历史时期，我们应当教育大学生始终坚持唯物史观，充分把握国际格局演变趋势，不断发挥社会主义制度的优越性，推动自身发展进步。

二 逆全球化兴起

马克思恩格斯在"世界历史"理论中，判断资本主义的发展使人类社会步入世界历史。经济全球化是世界历史发展的新阶段，不断向更广阔的领域和方向拓展，加深了各国之间相互依存的关系，每个国家都成为经济全球化中不可缺少的一环。由于全球化自产生伊始就被资本主义所主导，资本主义固有的内在矛盾被带到处于全球化过程中的世界各民族国家之中，在经济全球化不断发展的过程中，发达资本主义国家始终占据优势地位，世界逐渐被分割为中心和边缘地带，凸显出受益不平衡的问题。经济全球化的全面推进为世界带来了繁荣，也带来了难以调和的社会矛盾，为逆全球化现象的产生埋下了隐患。我国始终旗帜鲜明反对逆全球化，应对逆全球化带来的挑战，就要以唯物史观为理论指引，高度关注逆全球化引发的极端社会思潮。

逆全球化，是历史向世界历史转变过程中必然要面临的矛盾过程，是世界历史处于资产阶级世界历史时期的不平衡的产物。资本主义发达国家对生产社会化进程在全球范围内演进加以否决，以经济全球化存在缺陷为借口放大其负面影响，阻碍了全球的经济发展和政治稳定。从根本上来说，逆全球化是资本主义固有矛盾即资本主义生产资料的私有制与生产社会化之间的矛盾在全球化过程中不断深化和扩展的结果。在同一国家内部，社会矛盾也愈发加剧，产生的种种社会问题严重影响着民众的正常生活，导致民众的反全球化情绪加深，助推了一些国家政府的逆全球化政策和行动。

贸易保护主义思潮的兴起是"逆全球化"的主要表现。当经济全球化发挥其积极一面的作用时，贸易保护主义思潮衰退，而当经济全球化显露出消极方面的影响时，贸易保护主义思潮随之兴起。经济全球化的客观要求是自由贸易，但由于全球经济不平等逐渐加剧，一些国家意图通过贸易保护主义保护本国经济。贸易保护主义思潮出现的重要背景是 2008 年金融危机之后，世界经济进入萧条低迷期，自由贸易对全球经济增长的作用减弱，一些国家负债缠身，引发国内民众对于突出社会问题的强烈不满，因而以各种贸易保护政策为解决国内社会问题和转移社会矛盾的手段。与此同时，发达国家从经济全球化进程中获得的收益开始递减，发展中国家开始从经济全球化进程中受益。一些西方资本主义发达国家逐步丧失了经济上的优越感，认为自由贸易无法维护其垄断地位，无法使其继续获得超额利润，反而促进了发展中国家的经济发展，因而采取了一系列贸易保护主义政策，试图维持其固有优势和既得利益。近年来，以美国为首的西方国家不断挑起经贸摩擦，针对发展中国家大肆推行贸易保护主义和单边主义。美国作为世界贸易组织成员，却无视国际贸易准则，为了维护自身的利益，公然破坏多边贸易体制，出台的各项政策受到了世界许多国家的反对，而针对中国的贸易保护主义政策愈发突出，甚至对我国采取贸易战手段。习近平主席在 2017 年世界经济论坛年会上提出了贸易保护主义思潮的危害，指出"打贸易战的结果只能是两败俱伤"①。贸易战从来没有赢家，只有遵循相互尊重、平等互利的原则，推动经贸关系健康稳定发展，才能创造互利共赢的局面。

"逆全球化"的另一个表现是民粹主义思潮的兴起。总体来说，民粹主义是针对全球化进程中出现的贫富差距扩大、阶级矛盾激化、文化冲突加剧等现象的一种极端化应对方式。民粹主义鼓吹"人民群众"的唯一性和纯洁性，在西方国家，常常被视为政治精英的一种政治策略，通过煽动式的政治宣传手段，动员普通民众实现其政治目的。民粹主义反映出西方资本主义国家深层次的政治和社会危机，影响了西方资本主义国家的政治认同，在资本主义国家内外矛盾激化形势下，成为影响欧美政局的重要力量，冲击了西方政治制度和经济体系，也严重阻碍了全球化的进程。作为

---

① 《习近平外交演讲集》第 2 卷，中央文献出版社，2022，第 7 页。

一种不良社会思潮，民粹主义思潮与国家主义、民族主义等思潮互相结合，在西方国家不断泛滥，推动了西方社会思潮的右倾化和极端化。例如，特朗普当选期间，美国社会的底层群众的强烈政治诉求在某种程度上造成了美国社会的进一步分裂；英国脱欧公投成功、意大利公投失败也反映了民粹主义在欧洲的盛行。世界范围内的民粹主义思潮的强势复兴，对我国政治发展和社会稳定也造成了不良影响。当前我国民粹主义思潮通常以"大众"为口号，渲染一些现实社会中的敏感事件，利用网络通信技术，引导围观者将对生活的不满以及对社会中不公平现象的愤怒上升至国家制度批判的高度，这容易引发激化社会矛盾、分裂社会的后果。因而，对于当前愈演愈烈的民粹主义思潮，必须进行合理防范。

世界历史是一个发展过程，综观经济全球化的发展历史，推动和制约全球化的力量相互交织博弈，尽管逆全球化始终根植于经济全球化进程，但经济全球化是由生产力发展和生产关系变革共同推动的客观历史进程，不以人的意志为转移，是不可逆转的历史大势，逆全球化并不能改变世界相互依存、紧密联系的总趋势。马克思主义世界历史理论科学地揭示了历史必然向世界历史转变的过程与本质，在经济全球化的背景下，我们要学会运用马克思主义世界历史理论分析、把握全球化的实质、特征，不断加强党对我国参与全球经济治理的全面领导，努力推动经济全球化朝着更加均衡的方向发展，使我国成为全球经济治理的重要参与者和贡献者。进入新时代，大学生肩负着传承历史、开创未来的担当使命，要为世界和平发展与人类社会的进步事业作出贡献。在贸易保护主义、民粹主义盛行的背景下，要加强马克思主义历史观教育，引导大学生更好地把握经济全球化的规律，直面经济全球化带来的风险挑战，应对逆全球化引发的极端社会思潮对主流意识形态的侵蚀和对经济全球化发展的阻碍。

三 科学技术发展对世界产生重大影响

"人类社会发展史，是一部生产力与生产关系相互作用的历史，是一部生产力不断发展、先进生产力取代落后生产力的历史。"① 马克思恩格斯认为，科学技术是"一种在历史上起推动作用的、革命的力量"②，是生产力的一部分。历史上，科技革命将科学与技术融合为一个有机整体，使各领域不断取得突破，引发新一轮产业变革，为社会发展与人类进步带来了巨大影响。我们要始终以唯物史观为指导，结合科学技术的发展趋势，全面探讨、科学看待科学技术发展对世界的重要作用。

第一，科学技术发展推动世界不断变革。从 18 世纪 60 年代发生的第一次科技革命开始，每一次科技革命都带来一场巨大的、深刻的生产技术和社会经济大变革，深刻地推动人类社会的发展，引发世界经济结构和经济格局的重大变化。伴随人类文明的不断进步，生产力飞速发展，科学技术以前所未有的规模和速度不断推进，众多领域尖端技术的应用标志着全球范围内的第四次科技革命逐步展开。在上一次科技革命的基础上，第四次科技革命涵盖了更多科技领域，各个领域的新兴技术接续涌现，不断创新，相互促进，交叉融合。信息技术成为第四次科技革命的核心内容，带领人类步入了全新的电子信息时代。互联网缩短了人们的沟通距离；"区块链"技术的出现使金融科技实现了新一轮的创新，改变了人们的科技思维方式；5G 等数字技术的运用，改变了国际经贸形势；清洁能源技术使人们开始将更多注意力投入到非传统安全领域……第四次科技革命扩大了发达国家与发展中国家的发展差距，也进一步加剧了资本主义各国发展的不平衡。在这一进程中，每个国家或地区都无法避免经济全球化的影响，科学技术的进步为世界各国带来了全新的机遇和挑战。

第二，科学技术进步促进社会主义的发展。社会主义的发展与科技进步息息相关。第一次科技革命极大地促进了当时社会生产力的发展，资本主义由工场手工业过渡到机器大工业，促使西方资本主义国家先后实现工

---

① 曾国屏：《来自科学技术的哲学诉求》，《北京大学学报》（哲学社会科学版）2007 年第 6 期。

② 《马克思恩格斯全集》第 19 卷，人民出版社，1963，第 375 页。

业化，为资本主义发展奠定了丰富的物质基础。然而，机器的广泛使用激化了资本主义社会的固有矛盾，使阶级之间的对立和斗争愈发尖锐，为科学社会主义的诞生奠定了阶级基础。马克思恩格斯正是通过对资本主义社会矛盾的深入剖析，批判继承了前人的研究成果，总结了工人运动的经验，创立了唯物史观与剩余价值理论。第二次科技革命使生产力加速发展，引发了生产关系的进一步调整，巩固了资本主义社会的物质技术基础，又加快了资本的积聚和集中，从而使资本主义从自由竞争过渡到垄断阶段。由于资本主义政治经济的发展愈发不平衡，列强争霸愈演愈烈，最终世界大战爆发。与此同时，无产阶级力量一步步壮大起来。1917年，世界上第一个社会主义国家诞生。苏联充分运用科技革命的成果，使社会主义经济得到发展。列宁非常重视发展科学技术，并将电力技术作为巩固社会主义制度的物质基础。他指出："共产主义就是苏维埃政权加全国电气化。"[1] 可以说，第二次科技革命为社会主义进一步发展创造了条件，而第三次科技革命为世界社会主义发展提供了新的动力，也带来了挑战。随着科学技术不断进步，资本主义制度的内在矛盾无法根本解决，只会不断加剧。社会主义作为更先进的社会制度，未来将更有可能充分利用科学技术带来的优越条件，充分发展，逐步实现现代化。

第三，科学技术发展推动世界主题的形成和发展。每一次科学技术的重大突破，都为人类的生产生活方式带来前所未有的深刻影响，科学技术的发展决定社会生产力发展的同时，也推动了世界主题的形成和发展。二战中的军事竞争和战后的各国经济政治竞争加速了科技革命的到来，随着科学技术在世界竞争中的地位愈发突出，各国综合国力的竞争在很大程度上表现为科学技术的竞争，时代主题逐渐向和平与发展转变。当前，尽管局部战争仍有发生，但制止战争的因素也逐步增加，军事的高科技化避免了世界大战的发生。"在较长时间内不发生大规模的世界战争是有可能的，维护世界和平是有希望的。"[2] 国家发展、社会进步的前提就是世界和平，

---

① 《列宁选集》第4卷，人民出版社，2012，第364页。
② 《邓小平文选》第3卷，人民出版社，1993，第127页。

和平的国际环境为各国开展持久稳定的经济建设奠定基础，和平与发展依然是当代世界的主题。随着社会主义和资本主义的竞争逐渐转入经济与高科技领域，对于社会主义国家而言，应当充分发展科学技术保障和平，依靠科学技术促进发展。

科学技术的蓬勃发展深刻影响着整个世界，将世界历史推进到一个全新阶段，这意味着人类将以一种新的观念形态来把握国际形势，把握世界的普遍联系。当前，新一轮科技革命和产业变革正在深入推进，新的科技革命使全球各国相互依存，为全球合作共赢提供了更大的可能性。生产力的发展是决定人类未来发展的重要因素，新科技革命正是生产力发展最突出的标志。对于大学生而言，应当以马克思主义历史观为指导，努力钻研先进的科学技术，积极变革，推进社会主义发展；站在世界历史的高度，了解国际格局与世界大势，维护和平的国际环境。

第二节　以实现中华民族伟大复兴为己任

习近平总书记在庆祝中国共产党成立 100 周年大会上的重要讲话中代表党和人民庄严宣告："中华民族迎来了从站起来、富起来到强起来的伟大飞跃，实现中华民族伟大复兴进入了不可逆转的历史进程！"① 当前，中国共产党正带领人民向着全面建成社会主义现代化强国的第二个百年奋斗目标昂扬迈进，开展马克思主义历史观教育，使大学生明确中华民族伟大复兴是不可阻挡的历史潮流，从而使其更好地用历史映照现实，远观未来，为全面建成社会主义现代化强国而奋斗。

一　中华民族伟大复兴是历史发展的必然

"一百年来，中国共产党团结带领中国人民进行的一切奋斗、一切牺

---

① 习近平：《在庆祝中国共产党成立 100 周年大会上的讲话》，《人民日报》2021 年 7 月 2 日，第 2 版。

性、一切创造，归结起来就是一个主题：实现中华民族伟大复兴。"① 经历了百年的奋斗历程，如今中国共产党已经带领中国人民实现了第一个百年奋斗目标，全面建成小康社会，使中华民族伟大复兴向前迈出了新的一大步。开展大学生马克思主义历史观教育，能够使大学生明确中华民族伟大复兴何以成为历史发展的必然，在马克思主义历史观的指引下，借助"百年未有之大变局"的历史契机全面推进中华民族伟大复兴。

第一，中国是世界发展的重要推动者，也是世界和平的贡献者。当前，世界格局正发生深刻调整，国际权力的分散使得世界多极化进程朝着纵深推进；经济全球化使各国经济相互依存利益交融，世界各大经济体之间的差距越来越小，发展中国家在世界经济格局中的地位发生了百年以来的最大变动；各种文化的交流和融合趋势愈发明显，西方文化不再一家独大，世界文化多样化不断推进，超越文化差异、遵循文化平等被倡导。在这个历史阶段，中国抓住新一轮科技革命和产业革命大规模发展的历史机遇，充分把握全球治理变革趋势，为改革和优化全球治理注入中国力量，在应对气候变化、消除贫困、维护网络安全等人类共同面临的问题方面发挥影响力。在马克思主义理论的科学指引下，中国站在全人类的角度科学提出构建人类命运共同体的全球化构想，将人类视为整体性、有机性的客观存在，倡导全人类和谐共处，也兼顾不同国家的差异现状，做到谋求本国发展的同时促进各国共同发展，努力建设基于全人类共同利益、共商共建共享的美好未来。共建人类命运共同体、加强国家间的合作与交流是历史向前发展进步的主旋律，人类命运共同体把国际权力观、共同利益观、可持续发展观和全球治理观统一起来，是我国提出的关于全球未来发展的创新理念，为下一步世界发展的方向贡献了中国智慧，为共建一个更加美好的世界提供了充满正能量的中国方案。

第二，中国共产党人始终具备国际视野与忧患意识，始终把握历史发展规律和大势。国际视野是能够以世界维度的开放视域观察问题、认

---

① 习近平：《在庆祝中国共产党成立 100 周年大会上的讲话》，《人民日报》2021 年 7 月 2 日，第 2 版。

识问题的一种思维方式，是全球化背景下所具有的知识、能力和理念的综合体现，具备观大势、谋大局的国际视野是马克思主义的题中应有之义。当前，中国战略地位和格局的新变化正在深刻影响并改变着人民群众的文化价值取向、人际交往、社会认同以及思想观念。中国共产党人始终站在全局角度看待社会发生的变革，了解中西方的历史异同以及世界整体历史发展大势，科学运用唯物史观基本原理，站在全球高度，正视包含本国在内的整个世界前进与发展的能力，正确评估本国本民族及其他各国各民族在世界历史中所处的地位与发挥的作用，并全面关注整个人类历史。忧患意识是指担忧社会、国家、人民可能遭遇到的困难，从而防范风险、居安思危的意识。从历史发展角度来看，忧患意识是一个国家长治久安的保证。当前国际环境日趋复杂，尽管和平与发展依然是时代的主题，但国际环境也具有不稳定性与不确定性。中国共产党人始终保持着充分的忧患意识，明确我国处于近代以来发展的最佳时期，也时刻关注着国内外不稳定、不确定因素对我国发展的影响与挑战，在危机中育新机、于变局中开新局，充分保持战略定力，不断趋利避害，奋勇前进。中国共产党人在百年奋斗历程中，始终心系国家，心系人民，掌握党和国家事业发展的历史主动，科学把握社会发展规律，系统总结世界局势发展的本质，从而做到"为人民谋幸福，为民族谋复兴，为世界谋大同"①。

第三，中华儿女始终保持革命者的奋斗精神，具备不可战胜的精神力量。中华儿女的奋斗精神是经过长期革命斗争实践检验的。中国特色社会主义发展史，就是一部中国共产党人的奋斗史。毛泽东青年时期便说出："与天奋斗，其乐无穷！与地奋斗，其乐无穷！与人奋斗，其乐无穷！"② 这种乐观的奋斗精神保持了党从抗日战争到解放战争再到中华人民共和国成立后的昂扬奋斗的底色，也为中华民族之发展打下坚实根基。邓小平提出："应该保持艰苦奋斗的传统。"③ 这种勇于开拓的奋斗精神推

① 《习近平会见联合国秘书长古特雷斯》，《人民日报》2018年4月9日，第1版。
② 《毛泽东年谱（1893~1949）》上卷，中央文献出版社，2013，第24页。
③ 《邓小平文选》第3卷，人民出版社，1993，第290页。

动了改革开放和国民经济跳跃式发展。江泽民则提出："大力发扬艰苦奋斗的精神。"① 胡锦涛在此基础上说："为全面建设小康社会、不断开创中国特色社会主义事业新局面而继续奋斗！"② 历史证明，社会主义革命和建设时期，奋斗精神在党和人民实现民族独立、建立和完善社会主义制度的过程中发挥了重要作用。改革开放以来，中国共产党带领全国人民弘扬奋斗精神，在各个领域取得了诸多伟大成就。新时代，实现中华民族伟大复兴的任务紧迫，奋斗精神是我们不断攻坚克难、从胜利走向胜利的强大精神力量，指引党和人民坚定立场，维护社会稳定，更好地应对错综复杂的国际形势，继续向着全面建成社会主义现代化强国的第二个百年奋斗目标昂首迈进。

二　实现中华民族伟大复兴需要坚持守正创新

党的二十大报告提出了继续推进理论创新的科学方法，即"六个必须坚持"，"必须坚持守正创新"③ 是其中的重要方面。百余年来，中国共产党之所以能够带领中国人民实现从站起来、富起来到强起来的伟大转变，是因为它始终遵循守正创新之道，始终坚持"把马克思主义基本原理同中国具体实际相结合、同中华优秀传统文化相结合"④。当前我国正处于实现"两个一百年"奋斗目标的历史交汇点上，我们要通过马克思主义历史观教育，使大学生明确实现中华民族伟大复兴需要坚持守正创新，教育大学生传承历史、展望未来。

守正就是要始终坚守初心，"坚持马克思主义基本原理不动摇，坚持党的全面领导不动摇，坚持中国特色社会主义不动摇"⑤。创新就是要

---

①　《江泽民文选》第1卷，人民出版社，2006，第617页。

②　《胡锦涛总书记"七一"重要讲话学习读本》，人民出版社，2006，第26页。

③　习近平：《高举中国特色社会主义伟大旗帜 为全面建设社会主义现代化国家而团结奋斗——在中国共产党第二十次全国代表大会上的报告》，人民出版社，2022，第20页。

④　习近平：《高举中国特色社会主义伟大旗帜 为全面建设社会主义现代化国家而团结奋斗——在中国共产党第二十次全国代表大会上的报告》，人民出版社，2022，第17页。

⑤　习近平：《高举中国特色社会主义伟大旗帜 为全面建设社会主义现代化国家而团结奋斗——在中国共产党第二十次全国代表大会上的报告》，人民出版社，2022，第20页。

"紧跟时代步伐，顺应实践发展"，"以新的理论指导新的实践"①。中国共产党不负人民重托，始终牢记历史使命，奋力推进伟大事业，开创中国特色社会主义新局面。中国共产党人在马克思主义中国化道路上积极探索、不断创新，实现了党的指导思想与时俱进。守正与创新之间的关系是相辅相成、辩证统一的。守正是基础、是根本，创新是动力、是源泉。坚持"守正"，"创新"才有正确方向；不断"创新"，"守正"才能固本强基。对于高校大学生而言，通过接受马克思主义历史观教育，树立马克思主义历史观，才能明确守正与创新的辩证统一关系，才能担负起时代的使命，做到坚持正确的指导思想不动摇，坚持正确的价值导向不动摇，坚持先进的文化方向不动摇，以马克思主义理论为指导，深刻把握时代环境的新变化，把握国家发展的新要求，因时而进，因势而新。

第一，坚定不移地坚持马克思主义的指导地位，学习马克思主义中国化最新成果。"守正就不能偏离马克思主义、社会主义，但不是刻舟求剑，还要往前发展、与时俱进。"② 中国共产党是马克思主义政党，马克思主义是指导我们改造客观世界和主观世界的锐利思想武器，不能封闭僵化，偏离马克思主义，也不能改旗易帜，停止探索发展道路。长期以来，中国共产党以马克思主义的基本立场、观点和方法指导中国实践，就是守正；将马克思主义与中国具体实际相结合，实现马克思主义中国化，就是创新。大学生要坚信马克思主义是颠扑不破的真理。20 世纪 80 年代末 90 年代初，东欧剧变、苏联解体，社会上出现了一些对马克思主义的怀疑言论。 邓小平提出，"马克思主义的真理颠扑不破"③，"我坚信，世界上赞成马克思主义的人会多起来的，因为马克思主义是科学。它运用历史唯物主义揭示了人类社会发展的规律"④。大学生要明确马克思主

---

① 习近平：《高举中国特色社会主义伟大旗帜 为全面建设社会主义现代化国家而团结奋斗——在中国共产党第二十次全国代表大会上的报告》，人民出版社，2022，第 20 页。
② 习近平：《思政课是落实立德树人根本任务的关键课程》，人民出版社，2020，第 9 页。
③ 《邓小平文选》第 3 卷，人民出版社，1993，第 382 页。
④ 《邓小平文选》第 3 卷，人民出版社，1993，第 396 页。

义中国化是随着不同时代的变化在继承中发展的。中国共产党的革命斗争和社会主义建设实践证实，每当遇到新情况、新问题，我们党都能坚持以马克思主义为指导认识世界、把握规律、追求真理、改造世界，并紧密结合实际国情和时代课题，敢于打破陈规定式，勇于推进观念创新和理论创新。我们要结合时代特征和社会实践不断发展马克思主义理论，以之指导中国特色社会主义建设。大学生要学会创造性运用马克思主义基本原理。马克思恩格斯明确提出，马克思主义基本原理的实际运用要以当时的历史条件为转移。马克思主义为解决中国问题提供了强大的理论武器，必须始终牢牢坚持以马克思主义为指导，但要真正找到解决中国问题的正确方案，还必须学会创造性运用这个科学的理论武器，结合不同时期的发展阶段、根本任务、基本国情，继续探索，不断进步。

第二，坚定不移地走中国特色社会主义道路，与时俱进。综观中国共产党的百年奋斗史，百余年来，中国共产党科学把握人类社会发展规律，带领中国人民探索出一条具有中国特色的革命、建设与改革道路，并与时俱进，开创了中国特色社会主义事业新局面。大学生要明确中国特色社会主义道路的理论依据，科学把握社会主义建设规律。历史唯物主义深刻揭示了人类社会历史发展的一般规律，指明了人类从必然王国迈向自由王国的根本途径。社会主义从理论到实践、从一国到多国、从模仿到创造性发展集中体现了理论的与时俱进。中国特色社会主义道路始终坚持科学社会主义基本原则，在实践基础上不断创新发展，并深刻把握社会主义建设规律、人类社会发展规律，符合先进生产力发展要求和人类文明进步趋势。大学生也要明确中国特色社会主义道路的历史依据，推动中国特色社会主义道路不断向前迈进。中国特色社会主义道路具备深厚的历史渊源，它是对中华五千年文明的历史传承，是世界社会主义发展历程的凝聚，是近代以来中华民族发展历史的伟大体现。大学生要深刻认识坚持中国特色社会主义道路的历史必然性，在对党领导革命、建设、改革的历史经验的借鉴和运用中锚定前进方向。

第三，推动中华优秀传统文化创造性转化和创新性发展，使中华优秀传统文化精神基因与当代文化相适应。创造性转化是对中华优秀传统文化中仍然有现实意义时代价值的部分加以改造，赋予其新的表现形式，使其更好地发挥作用；创新性发展就是依照新的时代要求，对中华优秀传统文化的内涵加以补充、拓展、完善，激发其新的活力。大学生要尊重文化自身的发展规律，适应时代发展的要求。回顾中华人民共和国成立以来我国文化发展的历程，在不同历史时期，着眼于解决时代课题，我们党都提出了纲领性的文化战略，作为指导、引领、推动、规范文化建设发展的基本方针。回顾历史，中国共产党带领全国各族人民继承、创新中华优秀传统文化，并在此基础上创造、发展了革命文化与社会主义先进文化。在发展的每个阶段，都坚持守正与创新相统一。进入新时代，习近平总书记针对弘扬中华优秀传统文化提出"创造性转化、创新性发展"的方针，标志着我们党对文化发展规律和文化发展责任、路径的认识达到一个新高度。大学生要从实践中获取推动文化发展源源不断的动力。历史证明，中华文化具有独具特色的文化基因，推动着中华民族持续发展。中国共产党人以宽广的胸怀打破世界文化交往的壁垒，并博采众长，借鉴其他文明的优秀成果，创造了经济快速发展、社会长期稳定的奇迹，把中国特色社会主义事业推向了一个新阶段。中国共产党始终高度重视文化建设，保持高度的文化自信，推进中华优秀传统文化的创造性转化和创新性发展，为我们坚定文化自信、建设文化强国提供了根本保障；始终努力在实践中进行文化创造，使中国特色社会主义文化始终反映时代精神、引领时代潮流，不断铸就中华文化新辉煌。

第三节　使大学生树立马克思主义历史观

在新的历史时期，大学生作为实现中华民族伟大复兴的主力军，应当以马克思主义历史观科学把握历史方位与时代发展大势。通过调研发现，当前大学生基本具备马克思主义历史观，但仍存在一些不容忽视的问题。① 因而，我们有必要加强高等学校马克思主义历史观教育，使现阶段大学生群体存在的历史观问题得以解决，为新时代培养社会主义建设者和接班人作出贡献。

一　弥补部分大学生历史知识的不足

马克思指出："理论在一个国家实现的程度，总是取决于理论满足这个国家的需要的程度。"② 理论要满足一个国家、社会的需要，首先必须根据实际需要在原有基础上不断丰富其内容。当前，部分大学生存在历史理论知识匮乏、实践应用能力不足的问题，一部分大学生将网络作为课下获取知识的渠道，对一些不良信息无法自主辨别。大学生只有系统掌握马克思主义历史观相关理论知识，将唯物史观基本原理与实际相结合，才能学会运用马克思主义的立场观点方法来看待问题、解决问题。

第一，部分高校大学生历史基础比较薄弱。"知史"是树立正确历史观的前提。对于当今大学生而言，自身历史知识的积累主要来源于对历史这门基础课的学习，但很多大学生在高中阶段就已经结束了历史课的学习，因而历史基础不够扎实。教育部在《中国大学生思想政治教育发展报告（2018-2019）》中，公布了大学生对中华文化的了解情况，主要从历史维度调查研究了当前高校大学生对于中华文化历史、革命精神的了解情况。其中，调查人员将大学生按照学科类别进行分类调查，包括人文科学类、社会科学类、理工农医类。调查结果显示，对于中华文化历史了解程度最高的是人文科学类的大学生，社会科学类大学生次之，而理工农医类大学生对于中华文化历史的了解程度是最低的。由于高校大学生群体对基

---

① 为充分了解和把握大学生历史观存在的问题，本研究编制了大学生马克思主义历史观教育调查问卷，详见附录一。调查对象来自北京、上海、辽宁、河北、山东、江苏、四川、广东等8个省市，具有一定的代表性。问卷调查时间为2022年7月15日~8月30日，问卷采用在线调查法，通过网络平台"问卷星"进行匿名发放。问卷共计发出4210份，回收有效问卷4189份，有效率达99.5%。调查对象的基本情况详见附录二。本研究还参考了教育部《中国大学生思想政治教育发展报告（2018-2019）》的调查资料，以全面了解大学生历史观现状。

② 《马克思恩格斯选集》第1卷，人民出版社，2012，第11页。

本历史知识的掌握比较有限，对中国历史人物、历史现象、历史事件了解不够，其容易对一些基础的历史问题把握不准。只有补好大学生的历史基础课，讲好中国历史、中国近现代历史、中国共产党党史、世界历史，才能使其真正了解中华民族博大精深的历史文化以及中国人民为实现中华民族独立、解放和伟大复兴而不懈奋斗的历程，敬仰中华民族的民族精神，从而对中国特色社会主义道路和制度形成认同。

第二，部分大学生对马克思主义历史观相关知识的理解不透彻。当前，多数学生通过高中阶段的思想政治课对唯物史观基本原理有所了解，大学阶段开设的马克思主义基本原理课程对唯物史观的相关知识进行了深化和拓展。通过课堂教学掌握的信息往往具有"碎片化"的特点，大学生如果仅仅对课堂上讲述的历史知识进行孤立的记忆，就会容易缺乏对问题的关联性认识，对问题与问题之间的内在逻辑把握不足，导致把正确的历史结论看成宣传口号，而不是实实在在的事实和真理，就无法透过历史现象把握历史规律，无法运用所学的知识思考解决我国社会的现实问题。中国特色社会主义遵循世界历史和人类文明发展的普遍规律，是对历史唯物主义的丰富与发展。在回答"您是否理解'中国特色社会主义是实现中华民族伟大复兴的必由之路'这一结论的含义？"问题时，参与调查的大学生中，选择"理解"的共3672名，占比87.66%，选择"比较模糊"的共496名，占比11.84%，选择"不理解"的共21名，占比0.50%。在回答"'中国特色社会主义制度是当代中国发展进步的根本制度保障'，您是否理解中国特色社会主义制度的内涵？"这一问题时，选择"理解"的共3437名，占比82.05%，选择"比较模糊"的共729名，占比17.40%，选择"不理解"的共23名，占比0.55%。调查显示，通过思想政治理论课的学习，大学生能够记住教材中的理论话语，但少数大学生对马克思主义历史观相关知识的理解不够透彻，不具备举一反三能力。我们依然需要加强马克思主义历史观教育，帮助大学生将马克思主义理论内化为自身的思想武器，从而在实践中充分发挥其指导作用。

第三，部分大学生在获取知识时容易受到网络上不良思潮的影响。由于网络自媒体高速发展，以微博、微信等应用程序为主要载体的自媒体占据了绝大多数大学生的闲暇时间，而网络自媒体对于塑造大学生的历史观具有一定的影响和导向作用。当下，一些大学生将网络作为课下获取马克思主义历史观相关知识的渠道。在回答"您是否经常通过网络形式阅读历史书籍？"这一问题时，参与调查的大学生中，选择"经常"的共3295名，占比达78.66%，选择"偶尔"的共832名，占比19.86%，选择"几乎不"的共62名，占比1.48%。在浏览网络的过程中，面对与历史事实不相符甚至背道而驰的内容，相当一部分大学生并不会对这些内容的真实性加以查证。在回答"在浏览互联网和社交媒体网站上有关历史信息的帖子、文章时，您是否会通过查找资料等方式对其内容的真实性加以查证？"这一问题时，参与调查的大学生中，选择"是，及时查证"的共3052名，占比72.86%，选择"否，不会特意进行查证"和"无所谓，不关心"的共1137名，占比达27.14%。对于大学生群体而言，他们的心理尚未完全成熟，没有形成较强的辨别是非的能力。只有通过马克思主义历史观教育，使大学生系统掌握马克思主义历史观的相关知识，清晰把握历史发展脉络，才能使其避免受到网络上不良信息的影响，并提升对相关知识的获取能力，从而明辨是非，对一些实际问题作出正确判断。

二　解决少数大学生理想信念模糊的问题

始终坚信社会主义必然战胜资本主义，最终在全人类实现共产主义，是中国共产党崇高而远大的革命理想，也应当是我们每个人坚定的革命信念。当代大学生肩负着实现中华民族伟大复兴的光荣历史使命，他们对社会主义的信念，代表着他们对国家民族的价值认同和情感认同，影响着社会主义现代化建设的未来走向和社会主义在中国乃至世界的历史命运。高校对大学生群体开展马克思主义历史观教育，重点就在于教育大学生对社会主义的特点、发展历程等方面具备明确认知，使大学生坚定社会主义必胜的信心，树立共产主义远大理想。

第一，少数大学生不理解社会主义代替资本主义的必然性。马克思恩格斯发现了资本剥削的秘密，创立了唯物史观，通过对资本主义基本矛盾的深度剖析，为社会主义的实现找到了阶级力量和革命斗争的道路，得出了资本主义必然灭亡、社会主义必然胜利的结论。历史证明，一个国家的发展道路，是由其所处的时代以及当时的国内外客观条件决定的。社会主义是历史的选择，不以任何人的意志为转移。当代大学生身处一个和平与物质条件较好的时代，没有亲身感受到革命战争年代的艰苦，也没有亲身经历中国共产党带领人民群众一步步夺取革命的伟大胜利的过程。当前，部分大学生受到不良思潮的冲击，面对当代资本主义的新发展，对社会主义前途缺乏信心，不能理性看待我国面临的一些现实问题。社会发展规律表明，资本主义的最终灭亡是其内在矛盾运动的必然结果，是社会生产力发展的客观要求，当代资本主义的新变化无法消灭其固有矛盾，也不能避免新矛盾的生成，因而并不能改变它终将灭亡的历史命运。而社会主义克服了资本主义的基本矛盾，是合乎规律的历史进程，其发展的内在规律决定了它必然胜利。我们要通过马克思主义历史观教育，使大学生科学认识社会发展规律，坚定社会主义必胜的信心。

第二，少数大学生不理解社会主义战胜资本主义的长期性。马克思恩格斯科学揭示了社会形态依次更替的一般规律，并依据社会形态的发展，将共产主义社会划分为两个阶段。他们认为，社会主义是共产主义的初级阶段，不能脱离具体的社会形态来考察社会发展的阶段性特征。同样地，社会主义社会也需要经历一个从低级到高级的发展过程。毛泽东在带领全党探索中国社会主义建设道路的过程中，曾将社会主义分为"不发达"和"比较发达"两个阶段。由于我国的社会主义脱胎于半殖民地半封建社会，经济文化水平都比较落后，无法在短时间内达到马克思恩格斯设想的社会主义社会的标准，只能先起步于"不发达"这一阶段。改革开放以来，我国在各个领域都取得了显著成就，但坚持与发展中国特色社会主义依然是我们的根本要求，社会主义战胜资本主义要经历长期的过程。在回答"您认为'社会主义必然战胜资本主义'是一个长期的过程，还是很快就能实现？"这一问题时，参与调查的大学生中，有 3824 名选择"需要长期过

程"，占比 91.29%，选择"很快就能实现"的有 349 名，占比 8.33%。如
果对社会主义代替资本主义历史进程的长期性、复杂性估计不足，就会给
社会主义革命与建设事业带来严重影响。因而，大学生在认识资本主义必
将被社会主义所取代的同时，也必须认识到社会主义代替资本主义的长
期性。

　　第三，少数大学生不了解社会主义的优越性。坚定社会主义信念，是
人们对于中国特色社会主义的正确性的坚定不移地确认和笃信，只有明确
社会主义的优越性，才能坚定社会主义必胜的信念不动摇。然而，由于当
前大学生处于社会转型期，其意识形态受到多种因素的影响，加之很多大
学生对于马克思主义基本理论一知半解，其对社会主义的优越性缺乏科学
认知，社会主义信念不够坚定。在回答"'社会主义制度具有资本主义不
可比拟的巨大优越性'，您是否了解社会主义制度存在哪些优越性?"时，
参与调查的大学生中，有 3352 名选择"非常了解"，占比 80.02%，选择
"比较模糊"的有 712 名，占比 17.00%，选择"不了解"的有 125 名，占
比 2.98%。如果仅仅针对社会主义曲折前进过程中出现的缺点和错误，就
容易对社会主义的优越性产生怀疑；如果缺少历史的视野，盲目将经历了
长期发展的高度发达的资本主义与社会主义进行比较，就容易得出资本主
义制度更为优越的结论，否定社会主义制度的优越性。我们要用唯物史观
的基本原理证明，社会主义制度是最适合我国生产力发展状况的制度，也
是最能体现人民当家作主的制度，社会主义的优越性是科学社会主义结合
我国实际成功实践的结论。大学生要通过学习马克思主义历史观构建历史
视野，认识社会主义与资本主义的历史基础，明确经济水平与历史发展的
关系，并结合当前实际，用历史唯物主义分析我国应对逆全球化、世界格
局大变动大调整等挑战取得的伟大胜利，从而切实感受中国特色社会主义
制度的优越性，坚定社会主义必胜的信念。

三　消除历史虚无主义思潮对部分大学生的影响

　　当前，网络自媒体的盛行为多样化的社会思潮提供了便利的传播条

件，历史虚无主义在自媒体环境下传播速度更快，传播者利用娱乐化的传播方式，向更广泛的范围进行传播。大学生作为极度关注网络自媒体的年轻群体，追求新鲜感，乐于猎奇，又缺乏人生阅历与社会经验，不具有辨别是非的能力，思想观念不成熟，因而很容易被历史虚无主义所影响，而网络监管体系的不完善也为历史虚无主义影响大学生群体提供了可乘之机。习近平总书记强调："要旗帜鲜明反对历史虚无主义，加强思想引导和理论辨析"，"更好正本清源、固本培元"①。我们要通过开展马克思主义历史观教育，使大学生全面了解并旗帜鲜明反对历史虚无主义。

第一，一些大学生不了解历史虚无主义的危害性。在回答"您是否了解历史虚无主义思潮的危害？"这一问题时，参与调查的大学生中，有3214名选择"非常了解"，占比76.72%，选择"比较模糊"的有798名，占比19.05%，选择"不了解"的有177名，占比4.23%。历史虚无主义者具有以下特点。一是借助自媒体的文字载体，用主观主义的态度来解读历史进程，用碎片化的事实否定历史发展规律。大学生群体虽然只是在一些自媒体平台上对这些信息进行简单浏览、瞬时记忆，但长此以往这会对大学生群体造成潜移默化的影响，模糊其历史认知，甚至动摇其理想信念。二是在讲述个别历史事件时，经常通过一些醒目标题吸引读者的眼球，再选取若干细节否定已经定论的历史事实。现如今网络上充斥着一些具有哗众取宠色彩标题的文章，历史虚无主义者抓住大学生群体具有强烈好奇心的特点，诱导他们阅读颠覆自身传统认知的信息，由于大学生缺乏认识历史的科学方法，很难准确察觉历史虚无主义者对历史上一些细节进行断章取义的行为，从而被历史虚无主义者所宣传的内容所误导。三是对历史进行随心所欲的颠倒和拼凑，并对历史人物和历史事件肆意解构，采用调侃、恶搞的方式，颠覆革命英雄、仁人志士的固有形象。由于大学生对我国历史相关知识的理解和认知并不深刻，容易将这种歪曲乱象单纯地当作娱乐，从而片面理解历史人物和历史事件，在不知不觉中弱化了主导性历史观念，甚至动摇共产主义理想信念。我们要通过开展马克思主义历

---

① 习近平：《在党史学习教育动员大会上的讲话》，人民出版社，2021，第25页。

史观教育，使大学生认识历史虚无主义的特点，深入了解历史虚无主义的危害性，坚定理想信念。

第二，一些大学生不了解抵制历史虚无主义的具体途径。大学生要对历史虚无主义提高警惕性、防范性，也要将旗帜鲜明反对历史虚无主义付诸实践，积极对生活中的历史虚无主义现象进行举报。在回答"当您在网络上浏览到历史虚无主义观点时，您会采取什么样的措施？"这一问题时，参与调查的大学生中，有 2728 名选择"了解举报途径，立刻举报"，占比 65.12%，选择"想要举报但不了解举报途径"的有 1384 名，占比 33.04%，选择"无所谓，跟我没什么关系"的有 77 名，占比 1.84%。这就要求我们发挥马克思主义历史观教育的引导作用，提升大学生的理论水平与实践能力，树立正确的历史观与责任意识。一方面，教育大学生掌握历史唯物主义方法论，使其通过联系和发展的基本观点去考察社会历史。对于大学生而言，只有树立马克思主义历史观，才能掌握历史发展规律，从而透过现象看本质，从根本上抵御历史虚无主义这一错误世界观。另一方面，帮助大学生了解对历史虚无主义的举报方式。当前，部分官方网络信息平台已经针对历史虚无主义思潮设置了举报途径，我们要通过开展马克思主义历史观教育，鼓励大学生积极行动，进行社会监督，用实际行动抵制历史虚无主义，共同维护良好的舆论环境。

四　教育大学生做到对马克思主义历史观知行合一

"知者行之始，行者知之成"①，凭借良知判断去行动则是知行合一。毛泽东指出："从感性认识而能动地发展到理性认识，又从理性认识而能动地指导革命实践，改造主观世界和客观世界。"② 当前，一些大学生受到客观环境、主观心理等因素的影响，出现了历史认知与历史行为脱节的现象。我们要教育大学生树立马克思主义历史观，用正确的历史认知指导行

①　（明）王阳明：《传习录》，国家图书馆出版社，2018，第 84 页。
②　《毛泽东选集》第 1 卷，人民出版社，1991，第 296 页。

为，做到以知促行，以行求知，避免"高知低行""知而不愿行"，真正达到对马克思主义历史观的知行统一。

第一，部分大学生存在"高知低行"的知行脱节现象。经过长期的学校教育，大学生群体普遍学习了一些马克思主义历史观相关理论知识。部分大学生的历史认知水平不低，掌握的马克思主义历史观相关知识也不少，却不能用正确的历史认知引导自己的行为趋向，自身的行为与历史认知水平并不相称。例如，当前社会泛娱乐主义现象盛行，依靠现代传媒将各领域人物、事件进行娱乐性修饰，使消费主义、享乐主义等不良价值观念在社会上传播，历史虚无主义思潮也借助泛娱乐主义的特点，迷惑和欺骗人民群众。在回答"作为一名大学生，您对泛娱乐化现象的态度是？"问题时，参与调查的大学生中，认为娱乐化信息容易消磨意志，不利于正确价值观的形成，从而选择"坚决抵制"的共 3014 名，占比 71.95%，但有 1029 名大学生选择"了解其危害，但习惯性依靠娱乐化信息放松身心，减轻压力"，占比达 24.56%，另有 146 名大学生选择了"说不清楚"，占比 3.49%。泛娱乐主义现象对大学生群体的历史观、价值观产生了一定程度的影响，部分大学生尽管明确泛娱乐主义现象的危害，对其具备正确认知，但无法抵挡其诱惑，做不到对其坚决抵制，而是选择随波逐流。我们要通过开展马克思主义历史观教育，使大学生坚定理想信念，树立正确的世界观、历史观、价值观，具备抵制不良社会思潮的坚决态度，并将坚定的认知付诸实践。

第二，部分大学生存在"知而不愿行"的知行脱节现象。例如，艰苦奋斗精神在我国革命、建设和改革的各个历史时期，都是党和人民的强大精神力量。在回答"您在观看革命题材的电影时是否受到感动？"这一问题时，参与调查的大学生中，选择"深受感动"的共 3872 名，占比达 92.43%，选择"比较感动"的共 311 名，占比 7.42%。这表明，大学生能够被革命先烈的精神所感染，从中受到教育，形成正确的历史认知。但是部分大学生在现实中的行动能力比较弱，在生活和学习等方面依然缺乏奋斗精神。在回答"作为一名大学生，您是否愿意努力奋斗？"这一问题时，参与调查的大学生中，有 3825 名选择"愿意奋斗"，占比 91.31%，有 353 名大学生选择了"只愿意偶尔奋斗"，占比 8.43%，有 11 名大学生选择"不愿意奋斗"，占比 0.26%。究其原因，一方面，随着社会的不断发展，人们的生活水平有了显著提高，人均可支配收入逐渐增加，很多人不愿意再过从前艰苦朴素的生活。加之受到西方消费主义、享乐主义等不良社会思潮的影响，一部分人的价值观发生了扭曲，追求享受、高消费的生活，对高校大学生也产生了负面影响。一部分大学生追求吃喝玩乐、铺张浪费、崇尚物欲、相互攀比，甚至走上违反道德甚至违反法律的不归路。另一方面，部分大学生脱离了高中的紧张环境，步入大学后没有明确的奋斗目标，沉迷于游戏、短视频等娱乐活动，缺乏坚定的理想信念，不求上进，不爱学习，盲目"躺平"，浪费了宝贵时间和青春。历史的经验告诉我们，新时代只有继续发扬艰苦奋斗精神，才能避免精神懈怠的危险，积极应对即将面临的挑战与风险。我们要通过开展马克思主义历史观教育，从影响大学生知行统一的主客观因素入手，充分发挥学校教育的作用，营造良好的社会环境，努力培养德智体美劳全面发展的社会主义建设者和接班人。

第三章

大学生马克思主义历史观教育的内容

马克思主义历史观教育是思想政治教育的重要内容，承载特定的政治功能，具有明显的价值导向作用。思想政治教育的内容决定了教育的方向，如何确定并选择教育内容是思想政治教育的重中之重。教育者要始终以习近平总书记关于历史观的重要论述为指导思想，通过马克思主义历史观基本理论教育、世界社会主义发展史教育、中国特色社会主义伟大实践教育，帮助大学生全方位掌握唯物史观基本原理，把握世界社会主义发展史、中国共产党百年历史，学会运用马克思主义历史观认识和分析社会历史现象，学习和总结历史规律，传承和发扬历史经验，为国家发展、民族复兴贡献智慧与力量。

第一节　以习近平总书记关于历史观的重要论述为指导思想

党的十八大以来，习近平总书记在多个重要场合围绕历史发表了一系列重要论述，用新时代的大历史观对历史的本质、规律、经验等作出了科学客观的界定与阐释，深入分析了时代的本质与特征，准确把握当代中国发展新的历史方位，科学阐明了新时代中国共产党面临的风险挑战。这些论述思想深刻，内涵丰富，对于我们树立正确的历史观，拓宽历史视野，汲取历史经验与历史智慧具有重要的指导意义。开展大学生马克思主义历史观教育，我们要始终以习近平总书记关于历史观的重要论述为指导思想，引导大学生将其学深悟透。

一　"历史是最好的教科书，也是最好的清醒剂"

中国共产党始终重视对历史经验的总结运用，在探究历史规律中掌握历史主动，以习近平同志为核心的党中央将这一优秀传统发展到了一个更高的阶段。习近平总书记提出的一系列关于以史为鉴的新论断抓住了时代与现实的根本问题，具有深刻的理论内涵与现实意义。"历史是最好的教科书，也是最好的清醒剂。"① 对于大学生而言，要从习近平总书记关于历史观的重要论述中，明确学习历史的重要作用，从历史中汲取经验教训与精神力量。

第一，从历史中学习治国理政的经验智慧。历史作为优秀的教材，蕴含着丰厚的治国理政经验。中华民族在长期的历史实践中，积累了一系列治国理政的思想理念，并将其融会贯通，形成了治国理政的制度体系。例如，发源于先秦时期的"六合同风、四海一家"思想推崇天下礼仪、教化、政事的统一，道出了大一统的共同体理念。"民贵君轻、政在养民"理念体现了执政者应以天下为公、关心民生的民本思想。源于殷周时期的"德主刑辅、以德化人"的思想体现了以德为先，顺遂民情的德治主张。这些思想理念在我国封建社会演化为许多具体的治理措施，为中华民族的安定奠定了思想基础。中华民族在长期的历史过程中，构建并传承了统一多民族国家的共同价值观。无论是自强不息、厚德载物，还是和而不同、居安思危的思想，都是在历史上维护政治秩序、社会秩序的精神力量，对维护国家长治久安起到了不可或缺的积极作用。

第二，从历史中吸取革命建设的教训。善于总结、运用历史经验教训的传统始终融贯于中国共产党领导人民进行伟大奋斗的全过程之中，只有

---

① 习近平：《在纪念全民族抗战爆发七十七周年仪式上的讲话》，《人民日报》2014 年 7 月 8 日，第 2 版。

善于从历史中吸取教训，才能不断开辟前进道路。历史经验和历史教训，是最好的教科书与清醒剂。我们要善于从革命历史中科学总结经验，获取启迪。新民主主义革命时期，中国人民为抗日战争和世界反法西斯战争付出了巨大牺牲，对战争带来的苦难具有刻骨铭心的记忆。只有铭记历史，才能防止悲剧重演。中国人民将永远捍卫革命先烈用鲜血和生命书写的历史，矢志不渝地走和平发展道路，坚定不移地维护世界和平。我们要正确对待党在前进道路上经历的曲折，从失误中吸取教训。对于改革开放前社会主义建设的实践探索，我们要通过对当时所处环境进行具体分析，明确产生问题的根源，从而提高对国情和社会发展规律的认识，做到"敢于承认""正确分析""坚决纠正"，"使失误和错误连同党的成功经验一起成为宝贵的历史教材"。①

第三，从历史中汲取奋发向上的精神力量。中华人民共和国 70 多年的历史性变革涵盖了一系列内在逻辑，在取得历史性成就的背后蕴藏着中国特色社会主义道路、理论、制度、文化优势。学习历史，就要用正确的历史观认识中国道路的正确性、理论的先进性、制度的优越性以及文化的独特性，从而把握历史趋势，开创未来。中国特色社会主义道路来之不易，历史证明，选对了道路就会国富民强，反之则有可能国破家亡。中国共产党带领人民从封建专制走向人民民主，引领中国创造出经济社会快速发展的奇迹，未来必须继续坚定不移、充满信心地走好中国特色社会主义道路。中国共产党始终坚持历史的前进方向，不断深化对共产党执政规律、社会主义建设规律和人类社会发展规律的认识。我们必须矢志不渝地坚持马克思主义立场观点，坚持以习近平新时代中国特色社会主义思想为科学指引，为中国人民谋幸福、为中华民族谋复兴。中国特色社会主义制度解放和发展了社会生产力，有力抵御了各种风险，创造了世所罕见的经济快速发展奇迹和社会长期稳定奇迹，我们要始终坚信中国特色社会主义制度是中国发展进步的根本制度保障。中国特色社会主义文化是中华民族最深

---

① 习近平：《在纪念毛泽东同志诞辰 120 周年座谈会上的讲话》，《人民日报》2013 年 12 月 27 日，第 2 版。

厚的文化软实力。我们要从历史中获取文化自信，发挥社会主义文化在新时代的生命力、影响力、凝聚力与创造力。

历史是最好的老师。开展大学生马克思主义历史观教育，我们要帮助大学生学思践悟历史精髓，只有具备宏阔的历史视野，形成系统的历史思维，正确审视自身所处的历史方位，才能结合新的时代条件用治国理政的丰富经验科学指导实践。

二　"坚持历史自信，自觉坚守理想信念"

自信，是自我评价的一种积极态度。一个政党，一个民族，一个国家，只有相信自己，才能永远不会被挫折与失败击垮，才能在艰难困苦中愈战愈勇，在国泰民安中赓续奋斗。习近平总书记指出："《决议》既回顾了党百年恢宏壮丽的奋斗历程，又阐述了党为中国人民、中华民族、马克思主义、人类进步事业作出的卓越贡献。"[1] "学史明理、学史增信、学史崇德、学史力行，就是为了增加历史自信、增进团结统一、增强斗争精神。"[2] 坚定历史自信，坚守理想信念，是为了在实现中华民族伟大复兴中国梦的关键时期，更好地解决新问题，迎接新挑战，坚定走好自己的前进之路。

深厚的历史底蕴是强大的前行动力。坚定历史自信，首先要充分认识历史自信源于何处。一是源于建党百年成就的历史伟业。放眼历史，近代以来，没有一种方案能够将广大劳动人民从饱受剥削与压迫的困境中解放出来，没有一种政治力量能够触动封建社会的根基，真正地推动民族发展，只有中国共产党带领人民彻底解决了旧社会遗留下来的内忧外患，真正开启了中华民族不断走向伟大复兴的历史进程。二是源于中国共产党对世界作出的成就和贡献。中国共产党领导人民走出了一条中国式现代化道路，为人类和世界贡献了中国智慧与中国方案。全面建成小康社会为世界经济增长和复苏提供了动力，具有重要的世界历史意义，为人类走向现代

---

① 《习近平著作选读》第 2 卷，人民出版社，2023，第 552 页。
② 《习近平谈治国理政》第 4 卷，外文出版社，2022，第 545 页。

化探索了新路径，新时代脱贫攻坚目标任务的如期完成为全球减贫事业作出了巨大贡献。未来中国将以更加开放包容的姿态同世界形成良性互动，为推动构建人类命运共同体作出更大贡献。三是源于中国共产党人的奋斗成就与奋斗精神。中国共产党从未因取得成就而骄傲自满，也从未因遭受坎坷而灰心气馁，只会在经历了无数困难与挑战的千锤百炼之后愈发强大和成熟。综观中国的社会主义发展史，奋斗精神贯穿始终，进入新时代，中国共产党依然带领人民不断积极探索，充分发挥主观能动性，尊重社会发展规律，坚守奋斗的目标，营造以文化人的奋斗舆论氛围，努力实现中华民族伟大复兴。

心有所信，方能行远。对于大学生群体而言，只有明确坚持历史自信，才能真正把握时代大势、抓住历史机遇、开创历史伟业。一是发扬历史主动精神。历史主动精神是中国共产党有别于其他政党特有的品质和精神，是党在百年奋斗历程中始终践行初心使命的精神动力。以习近平同志为核心的党中央始终具备伟大的历史主动精神，为国家发展进行科学决策，防范重大风险、迎接重大挑战、攻克重大难题，推动经济社会等各项事业高质量发展。历史启示我们，只有在认识历史进程、把握历史规律中发扬历史主动精神，才能"从中国共产党的百年奋斗中看清楚过去我们为什么能够成功、弄明白未来我们怎样才能继续成功"[①]。二是增强历史思维能力，形成大历史观。以习近平同志为核心的党中央始终运用大历史观来分析和研究中国历史与现实问题，将大历史观的思维、视野和方法运用于治国理政的全过程和各领域，在把握历史规律、认清发展趋势的基础上，注重统筹好"两个大局"。大学生必须增强把握历史大势的思维能力，运用科学的思维方法分析事物的历史状态、现实发展情况和未来趋势，在研究历史和借鉴历史中坚定历史自信。三是形成历史自觉，强化历史担当。历史自觉是建立在深刻认识历史发展潮流基础之上的强烈的历史使命感，历史担当是推动历史前进的强大动力。中国共产党人是历史自觉与历史担

---

① 习近平：《在庆祝中国共产党成立 100 周年大会上的讲话》，《人民日报》2021 年 7 月 2 日，第 2 版。

当精神的积极践行者，始终以排除万难的勇气砥砺前行，将历史自觉转化为推动历史发展的勇气和力量，转化为治国理政的实践成果。大学生只有自觉学习并总结党的历史，传承并发扬党的宝贵经验，努力践行党的初心和使命，才能树立起坚定的理想信念，认清当代中国所处的历史方位，抓住时机、顺势而为、奋发有为，激发为实现中华民族伟大复兴而奋斗的动力。

三　"旗帜鲜明反对历史虚无主义"

一段时期以来，历史虚无主义以各种形态出现，给我国的意识形态安全带来了一定的挑战。历史虚无主义者企图达到否定中国共产党的领导、否定社会主义道路和社会主义制度的目的，其本质是在各种"虚无"中动摇中国特色社会主义道路的根基。"历史虚无主义的要害，是从根本上否定马克思主义指导地位和中国走向社会主义的历史必然性，否定中国共产党的领导。"① 旗帜鲜明反对历史虚无主义，是维护自身历史，正确看待历史的重要态度。对于大学生而言，必须充分认识历史虚无主义的巨大危害，树立正确的历史观。

历史虚无主义以形而上学的唯心主义世界观和方法论，以历史认识中无法消解的主体性因素，否认历史的客观性与历史发展的内在逻辑，是一种消极的、非理性的思潮。历史虚无主义否定客观存在的历史，认为所有的历史判断都是相对的、主观的、偏颇的，从而将历史变为某些人可以随意颠倒的政治工具，通过主观臆测、断章取义、剪裁拼接、戏说恶搞等手法，解构主流意识形态，对近现代中国革命历史、中国共产党历史和中华人民共和国历史进行歪曲，因而它也是一种带有强烈政治倾向和政治意图的错误思潮。究其产生原因，一是源自政治上的敌对势力。古人云："灭人之国，必先去其史。"出于阶级立场以及根本利益的差异，可以说，自中国共产党诞生、中华人民共和国成立起，敌对势力就开始虚化历史、否

---

① 《历史是最好的教科书：学习习近平同志关于党的历史的重要论述》，中共党史出版社，2014，第8页。

定中国所走之路，对中国共产党党史、新中国史等我国历史进行长期不断的污蔑与诋毁。二是源自一些人的消极社会心理倾向。心理学中就列举出了一系列非理性观念，在生活中每个人心里会产生一些理性想法与非理性想法，一些人由于无法正确对待生活挫折，便将自己的负面情绪宣泄给他人或社会，因而对历史虚无主义思潮进行附和。此外，还存在一些人故意散布历史虚无主义错误言论信息，只为吸引关注、牟取不当利益。

历史虚无主义的危害，一是通过否定马克思主义指导地位，动摇人民群众对马克思主义的信仰，瓦解党和国家的意识形态阵地。西方敌对势力通过历史虚无主义来对我国进行意识形态渗透，向人民群众灌输西方的价值观念，企图在意识形态领域对我国进行瓦解。二是通过否定中国走向社会主义的历史必然性，推行"西方中心论"，将东方历史虚无化，最终目的是否定社会主义制度。长期以来，西方始终认为西方发达国家走过的道路是非西方国家走向现代化的唯一出路，而中国没有走资本主义道路，便成为西方反共势力实行"西化""分化"战略的重点目标。历史虚无主义以西方为中心，认为西方是理性与进步的典范，将东方的历史和文化排斥于历史之外，将中国的传统文化与现代化对立起来，力图让人民群众的思想受到影响，最终将中国文化和发展道路全盘西化。三是通过否定中国共产党的领导，逐步瓦解人民对党的认同和信任，不遗余力破坏共产党政权。历史虚无主义通过否定历史来否定现实，否定中国共产党执政的历史必然性和合法性，使党的领导失去基本的历史依据，妄图从根基上动摇党的执政地位，从而达到破坏共产党政权的目的。随着社会的发展和网络技术的广泛应用，历史虚无主义呈现出新的动态，具体表现为以下几点。无视中国社会发生的巨大变化，极力抹黑当代中国；分不清历史的主流与主线，在对社会性质和革命主题的认识上存在错误判断；无限放大我党在建设过程中的错误，以此诋毁社会主义制度；以"捍卫马克思主义"的面目出现，否定马克思主义的基本观点和方法；转换研究方式，试图提高其历史结论的"可信度"和"科学性"；借助网络空间，增强其对受众的影响力；等等。

针对历史虚无主义思潮，我们应当加强"四史"教育，广泛宣传中国特色社会主义伟大成就，同时也要强化对网络空间学术平台的引导和管理，对历史虚无主义予以严厉批判和坚决抵制。我们要通过开展马克思主义历史观教育，帮助大学生形成坚定的立场，使大学生始终明确任何否定马克思主义指导地位的行为，都是否定我国的主流意识形态之举；始终明确世界各民族的文化发展和现代化道路具有多样性，中国特色社会主义道路是历史的必然；始终明确党的领导是历史与人民的必然选择，是中国特色社会主义制度的最大优势。

第二节　以马克思主义历史观基本原理为理论基础

开展马克思主义历史观教育，需要用唯物史观基本原理讲清楚历史的起源、历史发展的主体、历史如何向前发展、历史发展的趋势与最终目的。我们要通过开展马克思主义历史观基本理论教育，使大学生学会运用马克思主义的立场、观点、方法来看待问题、解决问题，从而更好地把握历史趋势与历史规律，明确时代赋予的历史使命，达到用理论来指导实践的目的。

一　历史是人类有意识地改造世界的实践活动

马克思主义开创了唯物史观，揭示了社会历史观的基本问题是社会存在与社会意识的关系。社会存在与社会意识的理论找到了思想意识形成发展的规律，推动了人类社会历史不断向前发展，是思想政治教育研究与实践的唯物论基础。明确社会存在与社会意识的关系是唯物史观的基本问题，是大学生马克思主义历史观教育的重要内容。

历史是现实的历史。对于唯心主义来说，历史仅仅是一种观念的历史。社会存在与社会意识的关系问题，是思维与存在的关系问题在社会历史领域的反映，既把唯物史观与唯心史观区别开来，也彻底推翻了唯心史观对历史的理解。马克思主义对人类社会作出了科学的唯物主义解释，指出社会生活既包括物质，也包括精神，其中"现实个人"的"活动"和"物质生活条件"就是社会存在，它是人类社会现实的物质生活，是人类生存和发展的基础，也是一切历史的基本条件。而社会意识是社会生活的精神层面，包括人的意识要素与观念形态，其内容反映了人们对各种社会关系的认识。马克思恩格斯的历史观的出发点是直接的物质生产，考察的对象是现实的生产过程，他们对人类社会进行了彻底的、唯物的阐述，承认社会存在的客观实在性，并把社会存在当作实践加以理解。马克思恩格斯旗帜鲜明地指出，社会意识是依赖于社会存在的，"不是意识决定生活，而是生活决定意识"①。因此，马克思恩格斯认为的历史就是现实的历史，"历史不外是各个世代的依次交替"②，它属于"从直接生活的物质生产出发阐述现实的生产过程，把同这种生产方式相联系的、它所产生的交往形式即各个不同阶段上的市民社会理解为整个历史的基础"③ 的新唯物主义视域下的历史。

历史是人类有意识地改造世界的实践活动。每一代人的活动都是在既定的历史条件下进行的，都是在"直接碰到的、既定的、从过去承继下来的条件下创造"④ 的，而"历史过程中的决定性因素归根到底是现实生活的生产和再生产"⑤。因此历史就是现实的个人在现实的感性世界中从事现实的生产活动而形成的现实的历史。人的需求和人的实践活动是不断进化发展的，历史也就在人的实践活动的进化发展中不断向前。从历史上看，社会意识具有相对独立性，对人的实践活动具有能动的反作用，这种反作用"是第二性的作用"⑥，从而间接推动了历史的进步和发展。社会意识受到各种社会关系及其具体条件的制约，一旦社会物质生产方式发生重大变化，社会意识的形式、内容也会相应地发生变化。社会意识随着人们的实

① 《马克思恩格斯选集》第 1 卷，人民出版社，2012，第 152 页。
② 《马克思恩格斯选集》第 1 卷，人民出版社，2012，第 168 页。
③ 《马克思恩格斯选集》第 1 卷，人民出版社，2012，第 171 页。
④ 《马克思恩格斯文集》第 2 卷，人民出版社，2009，第 470~471 页。
⑤ 《马克思恩格斯选集》第 4 卷，人民出版社，2012，第 604 页。
⑥ 《马克思恩格斯选集》第 4 卷，人民出版社，2012，第 598 页。

际生活过程的变化而发展，能够形成自己特有的发展规律，并对社会存在产生影响：先进的思想和理论能够促进社会进步，相反，腐朽落后的思想和理论只能阻碍社会的发展。毛泽东指出，"代表先进阶级的正确思想，一旦被群众掌握，就会变成改造社会、改造世界的物质力量"①。社会意识反映社会存在的正确程度不同，所代表的阶级不同，掌握群众的程度不同，在历史上起到的作用也不同。可以说，历史正是在思想的指引下，不断推动人类有意识地改造世界的实践活动。

我们分析研究思想、意识的产生、发展和变化，就要从当前的客观现实中去寻找根源，历史正是人类有意识地改造世界的实践活动。开展大学生马克思主义历史观教育，必须教育大学生明确社会存在与社会意识的关系，唯物地解释社会历史现象，并以大学生的实际生活过程为基础，与大学生的生理、心理特点及发展规律相结合，唯如此才能取得教育的良好效果。

二　人民群众是历史发展的主体

无论在革命、建设时期还是在改革时期，中国共产党都始终重视人民的主体地位，坚守为人民谋幸福、为民族谋复兴的初心使命。人民主体论是马克思主义历史观的逻辑起点，开展大学生马克思主义历史观教育，必须教育大学生充分认识人民群众的主体地位。

第一，人民群众是历史的主体。马克思恩格斯批判了青年黑格尔派的英雄史观，也批判了费尔巴哈等人的唯心史观，提出人类历史的基本前提是"有生命的个人存在"。历史的主体是现实的人，人民群众就是人类社会历史的现实主体。"社会本身，即处于社会关系中的人本身……而作为它的主体出现的只是个人，不过是处于相互关系中的个人。"② 社会本身创造了人，而人也创造了社会历史。马克思主义认为，人民群众是历史的创造者，是社会变革的主体，也是推动社会历史发展的根本力量。人民群众

---

① 《毛泽东文集》第 8 卷，人民出版社，1999，第 320 页。
② 《马克思恩格斯全集》第 46 卷，人民出版社，1980，第 226 页。

创造出物质文明与精神文明。人类为了生存和发展，必须创造出解决自身生存问题的物质资料，必须进行生产劳动，而劳动群众在生产实践中通过辛勤劳动，积累生产经验，改进生产技术，推动了生产力的发展、生产方式的变化以及整个社会历史的进步。物质生产是精神财富的创造前提，人类首先必须解决衣、食、住、行等基本需求才能继续满足其精神文化需要。劳动人民为精神财富的创造提供了物质基础，同样也提供了无限的智慧，创造出了有价值的自然科学、社会科学以及文学艺术等杰出成果。人民群众是社会变革的决定力量。一切社会变革都是为了解放、发展生产力，其使生产关系得以突破，并从旧社会制度的束缚下将人民群众解放出来。人民群众代表着生产力的发展要求，能够积极地投身于社会变革的革命斗争中，在任何时期都是社会变革的主力军。在阶级社会，变革生产关系、更迭社会制度都是通过革命实现的，在社会主义社会，则通过改革来实现，离开人民群众参与的任何社会变革都不可能获得成功。

第二，人民群众是实践的主体。马克思主义指出，实践是人们有目的、能动地改造物质世界的活动，人类社会历史本质上就是人民群众实践活动的历史，社会实践实质上是各个时代人民群众的实践。人民群众只有通过现实的实践活动，才能创造历史的灿烂文明，推动社会的发展进步，最终推动人类的解放。人民群众在实践活动中的地位与作用，决定了人民群众是社会实践的承担者与推动者。社会生活本质上是由人民群众的实践活动构成的，无论是创造社会财富的过程，还是参与社会变革的过程，都是人民群众的社会实践过程。人民群众作为现实的生命存在，在解决基本生存需求、创造物质财富的过程中，构成了社会实践产生的前提，人民群众从而成为社会实践的物质承担者。人民群众能够充分发挥自身的能动性、创造性，通过自己的实践活动推动社会变革与历史发展，引领人类能动认识世界和改造世界，最终推动人类自身解放。人民群众是实践的主体，也是由实践与社会生活的关系决定的。实践的特性是社会性，实践是以人民群众为主体的社会活动，不存在脱离社会的单个人的实践活动。而人民群众的社会实践形式是多样化的，除了物质领域的生产活动，还有精神领域的活动，"社会实际生活的一切领域都是社会的人所参加的"①。人民群众的实践活动构成社会生活的基本关系，贯穿于社会生活的全过程，并推动了生产力进步和社会历史的发展。

历史充分证明了人民群众创造历史，也充分证明唯物史观的正确性。中国特色社会主义事业之所以能够不断前进，与充分调动人民群众的积极性、创造性密切相关。进入新时代，以习近平同志为核心的党中央提出了以人民为中心的发展思想，这体现了人民主体论的发展和创新。党的十九大报告明确指出："人民是历史的创造者，是决定党和国家前途命运的根本力量。"②开展大学生马克思主义历史观教育，要教育大学生深刻理解人民群众的历史地位，从人民群众中汲取智慧和力量，践行人民至上的价值理念。

三　历史发展的根本动力是社会基本矛盾运动

马克思恩格斯在同唯心主义的对立和斗争中，发现了人类社会历史发展的客观规律，批判了唯心史观把历史视为可以任意改变的毫无规律的偶然现象，真正解决了社会历史发展的规律问题。社会基本矛盾是指贯穿社会发展过程始终，规定社会发展过程的基本性质和基本趋势，并对社会历史发展起根本的推动作用的矛盾。③毛泽东将社会主义社会的基本矛盾进一步予以明确，"在社会主义社会中，基本的矛盾仍然是生产关系和生产力之间的矛盾，上层建筑和经济基础之间的矛盾"④。生产力和生产关系、经济基础和上层建筑之间的矛盾是社会历史发展的根本动力，只有阐明它们之间的内在联系，才能解释整个人类社会的有机构成和基本矛盾。

社会基本矛盾以推动社会形态更替的形式，促进历史不断向前发展。生产力和生产关系的矛盾是社会基本矛盾之一，其运动规律决定了社会发展的方向与进程。生产力是人类在生产活动中形成的改造自然的能力，是人类实践活动的产物，生产关系是生产力各要素相结合的社会形式，是不

①　《毛泽东选集》第 1 卷，人民出版社，1991，第 283 页。
②　《习近平谈治国理政》第 3 卷，外文出版社，2020，第 16 页。
③　《马克思主义基本原理》，高等教育出版社，2021，第 137 页。
④　《毛泽东文集》第 7 卷，人民出版社，1999，第 214 页。

以人的意志为转移的社会关系，二者不断发展，始终处在相互作用、矛盾运动的过程之中。生产力决定生产关系，而生产关系反作用于生产力。在原始社会，劳动者使用简陋的生产工具，生产水平极其低下，这就决定了当时的生产关系只能是以生产资料公有制为基础，决定了劳动者共同劳动，平均分配劳动产品。后来，金属工具的使用提高了人们的劳动能力，社会分工和交换发生并扩大，劳动产品有了剩余。在这种生产力有所发展而发展又很有限的情况下，与之相适应的奴隶制的生产关系产生了。综观历史发展进程，从原始社会到奴隶社会，再到封建社会，劳动者生产工具的改进以及劳动技能水平的提高使生产力水平不断提升，生产关系也随着生产力的发展不断改变。当生产关系适应生产力的性质和发展要求时，其就是推动生产力发展的力量，反之，生产力将会冲破生产关系的束缚，最终引发生产关系的变革。在封建社会后期，社会生产力不断提高，简单商品生产逐渐向资本主义生产过渡，在这个过程中，劳动者被资本家夺取了生产资料，其创造的剩余价值也被资本家获得，从而产生了资本主义社会的固有矛盾。与生产力状况相适应的生产关系必将代替阻碍生产力发展的社会生产关系，因而，以私有制为基础的生产关系必将随着生产力进一步发展，被以公有制为基础的生产关系所取代。

经济基础与上层建筑的矛盾是另一对社会基本矛盾。马克思在《黑格尔法哲学批判》中强调了市民社会是国家的决定性因素，并从市民社会出发，在后来的研究中，把市民社会归为生产关系的总和，将市民社会和国家的关系上升为上层建筑和经济基础的关系。在现实社会中，各种生产关系相互影响，形成了统一的整体，构成了经济基础，马克思主义将由社会发展到一定阶段的生产力所决定的生产诸关系的总和定义为经济基础，并将建立在经济基础之上的意识形态以及与之相应的制度、组织和设施定义为上层建筑。经济基础决定上层建筑，而上层建筑反作用于经济基础。上层建筑始终适应一定经济基础，随着经济基础的变更而发生变革。生产关系代表者所在的阶级，为维护这种生产关系，巩固其统治地位，就要维护自己在经济基础上的利益。资产阶级为了维持资本主义生产关系，推翻了封建地主阶级的统治，建立了资产阶级国家。社会基本矛盾往往通过不同阶级矛盾表现出来，随着资本主义固有矛盾的激化以及无产阶级力量的不断壮大，资产阶级为了保护其阶级利益，更需要通过国家政权对无产阶级进行镇压，并继续发展和巩固其经济基础。当社会基本矛盾激化到一定程度就会引发阶级斗争甚至革命，发生社会形态的更替。因而，上层建筑一定要与经济基础相适应，才能成为推动社会发展的进步力量。

生产关系一定要适应生产力状况、上层建筑一定要适应经济基础，这一规律在社会主义社会乃至共产主义社会依然适用。习近平总书记指出："把社会基本矛盾作为一个整体来观察，才能全面把握整个社会的基本面貌和发展方向。"① 社会基本矛盾及其运动规律是大学生马克思主义历史观教育中的一个基本理论问题，只有学好历史唯物主义，明确社会基本矛盾的实质及运行规律，才能科学解答社会历史中的各类发展问题，并为解决我国社会基本矛盾提供新的有效途径。

四　历史发展的趋势是"两个必然"

马克思主义历史观研究了人类历史发展的一般规律以及能否认识、如何认识历史规律的问题。唯心史观从观念出发解释实践，否定社会历史发展规律的存在，鼓吹由上帝或者少数人推动历史发展的观点。马克思恩格斯通过对资本主义社会的剖析，得出了资本主义必然走向灭亡、社会主义必然取得胜利的论断，从而揭示了社会历史发展的内在规律，全面而科学地解决了历史规律问题。开展大学生马克思主义历史观教育，我们要教育大学生明确历史发展规律与趋势，坚定中国特色社会主义信念，坚定"四个自信"，从而把握时代发展大势。

马克思恩格斯对人类总体历史进行分析，揭示了社会发展的内在规律。马克思主义认为，原始社会、奴隶社会、封建社会、资本主义社会、社会主义社会这五种社会形态是人类总体历史的进程，而每一种社会形态

---

① 习近平：《坚持历史唯物主义不断开辟当代中国马克思主义发展新境界》，《求是》2020年第 2 期。

的诞生、兴盛与衰亡都是规律性的现象，每一种社会形态都是前一种社会生产方式变革的产物。对于资本主义而言，封建社会生产方式的变革使人们获得了新的生产力。同样地，资本主义社会并不是社会发展的最终形态，其诞生、兴盛与衰亡也具有历史必然性。

资本主义生产方式的内在矛盾表明，资本主义必然会被社会主义所取代。资本主义制度以资本私有制为核心，以资本家占有生产资料、剥削雇佣劳动为基础，政权牢牢掌握在资产阶级手中。马克思恩格斯运用唯物史观，追根溯源地厘清了资本主义的资本原始积累过程。资本主义社会里，社会生产力的提高推动了资本主义生产方式的发展，以大工业为基础的社会化大生产不断生长和发展起来。受世界贸易的影响，商品经济获得了长足发展，越来越多的国家开始对大工业产生依赖，非工业国家不可避免地受到大工业发达的国家的影响，一同被卷入资本流通的普遍竞争之中。这种竞争进一步扩大了社会交往范畴，导致国家与民族的界限愈发模糊。在这个过程中，大工业将各个国家和民族的距离不断拉近，各民族、国家开始进入相互影响、相互制约的世界历史之中。对于资产阶级而言，必须冲破国家和民族的限制，进一步开拓世界市场，将资本主义的生产方式加以扩散。但是，资本主义的一步步扩张创造了使自身走向灭亡的条件。一方面，社会财富越来越集中到少数资本家手中；另一方面，被资本家剥削的劳动群众日趋贫困，这激化了阶级之间的矛盾。因而，资本主义制度已经无法适应生产力的发展，反而开始阻碍这一进程。相比之下，社会主义生产关系作为一种先进的生产关系，与资本主义具有本质区别。社会主义制度以生产资料公有制为主体，由劳动人民掌握政权，人民是国家的主人。从生产方式上看，社会主义用公有制取代了资本主义的私有制，消灭了阶级剥削和压迫，能够使资本主义生产社会化和私人占有的矛盾得到解决；从现实上看，社会主义革命在东方国家的胜利标志着社会主义战胜资本主义的必然性变成现实。

社会主义对资本主义的取代需要一个漫长的历史进程。一个国家采取何种社会制度，主要由其政治、经济、阶级关系决定，同时也是人民长期斗争和历史选择的结果。资本主义经历了几百年的不断发展，在政治、经济、阶级等方面都在不断发生变化。一方面，资本主义继承了以往社会所创造的生产力，在继承的基础上又极大地推动了社会生产力的迅速发展，并依靠第三次科技革命，创造了发达的物质文明。另一方面，资本主义调整了自身的生产关系，使国家内部的阶级矛盾得以缓和，从而稳定了政局，提升了综合国力。因而，资本主义制度迄今仍然具有较强的生命力，不会在短期内灭亡。社会主义脱胎于帝国主义包围封锁的环境中。在生产力水平较为低下、经济文化较为落后的基础上进行社会主义建设，暴露出社会主义初级阶段的诸多问题。东欧剧变、苏联解体等一系列动荡导致社会主义发展过程更加艰巨，无法在短期内赶上发达资本主义国家现有的水平。马克思恩格斯就人类总体历史提出"两个必然""两个决不会"的科学论断，就目前而言，资本主义所能容纳的全部生产力尚未发展到极限，而从人类总体历程来看，社会主义代替资本主义的历史进程刚刚开始。

高校开展大学生马克思主义历史观教育，就要教育大学生正确看待历史发展过程，把握历史发展规律和趋势，理性认识实现共产主义是一个长期的历史过程，坚信社会主义、共产主义必将取得最终胜利。大学生只有洞悉历史发展的内在动因，才能抓住历史变革的重要时机，用奋发进取的精神肩负起发展党和国家事业的历史使命。

五 历史发展的最终目的是实现人的自由和全面发展

生产力以及社会经济发展程度是评判社会发展水平的重要尺度，马克思指出，只有创造生产的物质条件"才能为一个更高级的、以每一个个人的全面而自由的发展为基本原则的社会形式建立现实基础"①。人的自由和全面发展是历史发展目标，也是社会进步的最高目标。思想政治教育的根本任务就是促进人的全面发展，大学生马克思主义历史观教育应当科学认识和把握人的自由和全面发展思想，立足于培养高素质人才，培养大学生良好的思想素质和道德修养，逐步实现人的全面发展。

---

① 《马克思恩格斯文集》第 5 卷，人民出版社，2009，第 683 页。

人的自由全面发展是马克思恩格斯奋斗的目标。马克思早在青少年时期就确立了为人民谋幸福的崇高理想，马克思曾在自己的中学德语作文中写道，"人只有为同时代人的完美、为他们的幸福而工作，自己才能达到完美"①，这充分显示出马克思对人民幸福和人类前途命运的关注。随后，马克思在文章中再次阐明了自己的人生态度，提出了人的全面发展的最初设想，为其步入社会后的人类解放事业奠定了基础。在巴黎工作时期，马克思从唯物主义和共产主义的立场出发，对资本主义进行了激烈的批判，在这一过程中马克思看到了异化劳动和私有财产之间的相互关系，指明"工人的解放还包含普遍的人的解放"② 这一深刻逻辑。在《德意志意识形态》中，马克思首次对"人的全面发展"这一概念加以诠释，认为消灭分工和私有财产是实现人的全面发展的必然环节。在参与社会主义运动的过程中，马克思恩格斯不断同错误思潮进行坚决斗争，努力建立广泛的国际工人统一战线，致力于广大无产阶级的解放事业。为了回应物质利益纠纷，马克思通过《资本论》和经济学手稿揭示了资本家对工人进行剥削的铁证，捍卫了工人运动的合法性，为推动实现人类社会的公平正义，实现人的自由发展提供了理论上的合法性。马克思晚年时期加深了对东方民族社会的观察与思考，在理论上不断实现对历史唯物主义和科学社会主义的创造与发展，也从另一个侧面不断丰富人的自由和全面发展思想。

人的自由和全面发展思想是内容丰富的统一体。首先，人的自由和全面发展意味着个体的进步和发展。劳动是区别于人和动物的根本标志，是人类社会存在并发展的基础。劳动推动着人类个体不断进步与发展，主要体现在劳动能力、社会需要、社会关系、自由个性等方面。人类社会的发展史表明，人类最初为了满足自身劳动的需要开始进行劳动工具的创造，劳动工具的发展极大提升了人们的劳动效率，随着生产力的不断提升，人们对物质资料的需要得到满足。精神层面是人类生存和发展的另一层面，人们在劳动活动中相互分工协作，使人与人之间社会关系得到丰富发展。

---

① 《马克思恩格斯全集》第 1 卷，人民出版社，1995，第 459 页。
② 《马克思恩格斯选集》第 1 卷，人民出版社，2012，第 61 页。

只有在同自然、社会以及人自身的相互关系中获得自由和解放，才能够彰显自身的自由个性，实现人的自由和全面发展。其次，个体只有在共同体中才能够实现自由全面发展。共同体是人们在共同物质资料生产关系的基础上形成的集体，也是个体的人存在的社会舞台，在这种共同体中人们具有相同的生存和发展模式，有着共同的价值追求，个人的本质在共同体中将得到充分的展示和释放，使个人的能力得到充分发展。最后，人的自由全面发展是一个具体的历史的过程。从历史发展的进程看，人的自由全面发展经历了不同的社会形态和历史过程，人们在这一过程中不断提高生产力、解放生产关系，也不断消灭剥削阶级的压迫，进而推动人类社会由必然王国走向自由王国。人类社会发展的历史表明，追求剩余价值最大化的资本逻辑造就了资本主义的贪婪面目，只有改造和变革旧的生产关系，才能真正实现人的自由全面发展，这也是历史发展进程中不可避免的环节。

人的自由全面发展是人的发展所追求的理想状态，并且始终贯穿于马克思主义基本原理。实现人的自由全面发展是一个历史的进步过程，只有牢牢秉承人的自由全面发展思想，才能体现社会主义建设的核心价值追求，坚定社会主义理想信念。在开展大学生马克思主义历史观教育过程中，结合人的自由全面发展思想，使大学生明确历史发展目标，准确把握人的社会关系的多样性、人的需要的多重性，将人的自由全面发展与社会生产力、经济文化发展联系起来，发挥马克思主义历史观教育的育人优势，促进个人发展与社会进步。

第三节　以世界社会主义发展历程为教育资源

世界社会主义发展历程是人类为摆脱不平等不合理的剥削制度、建立更美好的社会制度的探索史，也是无产阶级求得自身解放和全人类解放的奋斗史。经历了从空想到科学、从理论到现实、从一国到多国的艰辛历程，直到中国特色社会主义崛起，各社会主义国家逐渐在低潮中总结经验教训，推动世界社会主义重新奋起，世界社会主义历史已经超过了 500 年。当前，世界社会主义发展史逐渐被纳入思想政治教育范畴之中，对于大学生群体而言，学习世界社会主义发展史，有利于培养历史的眼光，形成全球视野，从而更好地认识和把握世界历史的演变规律，坚定理想信念。

一 社会主义从空想到科学

科学社会主义是对资本主义基本矛盾的科学反映，而空想社会主义是科学社会主义的重要思想来源。空想社会主义以西方哲学社会科学为基础，对旧思想、旧社会不断进行批判，对新社会大胆进行构想，既展现了无产阶级对未来美好社会的愿景，也是认识、揭露与批判资本主义制度的起点。

从时间脉络上看，空想社会主义的产生和发展经历了三个过程。一是资本原始积累时期，时间为 16~17 世纪。以"掘地派"为主力的左派代表以原始平均共产主义思想为指导，要求"摆脱资本主义的剥削和压迫"[①]，提出土地为全民共有，并采用集体开垦公有土地的方式消灭土地私有制。托马斯·莫尔（Thomas More）的《乌托邦》和托马斯·康帕内拉（Tommas Campanella）的《太阳城》对理想社会的描述是这一时期社会主义学说的主要代表。二是手工工场时期，这一时期以法国的摩莱里（Morelly）、马布利（Mably）为代表，时间为 18 世纪。此时的空想社会主义者注重在现实世界寻求实现理想社会制度的道路，力图建立一个人人政治平等、财产公有、完全消灭阶级差别的按需分配的共和国，这对后期的空想社会主义者产生了很大影响。三是产业革命时期，空想社会主义发展到最高阶段，时间为 19 世纪初，这一时期诞生了三大空想社会主义者：法国的圣西门、傅立叶与英国的欧文。随着无产阶级与资产阶级的斗争愈发激烈，他们更明确、更尖锐地将批判的矛头对准资产阶级，并对未来社会进行了积极设想，为科学社会主义理论的最终形成注入了丰富的思想原料。这是以往空想社会主义发展的必然结果，对法国启蒙学者的理想原则进行了深化

① 《国际共产主义运动史》，人民出版社，2012，第 20 页。

和发展。

唯物史观和剩余价值理论是科学社会主义的两大理论基础。与用唯心史观看待历史的空想社会主义相比，科学社会主义始终坚持唯物史观，并立足于无产阶级对资产阶级斗争的实际，将社会主义建立在对资本主义经济关系和基本矛盾分析的基础之上，建立在无产阶级对资产阶级斗争的基础之上。一是唯物辩证法的产生为社会主义由空想到科学的转变奠定了哲学基础。恩格斯科学地指出，当德国唯心主义的荒谬性为人所知，"就必然导致唯物主义"①。辩证法和唯物主义的结合开启了世界哲学史上的伟大变革，也为科学社会主义的创立提供了正确的世界观和方法论。二是唯物史观和剩余价值学说的创立使社会主义从空想到科学得以实现。唯物史观明确提出，以往的全部历史都是阶级斗争的历史，不同阶级的物质利益冲突造成了阶级之间的斗争。在此基础上，马克思恩格斯进一步探索了资本主义社会发展的具体规律，创立了剩余价值学说，揭露了资本家剥削工人的原因，完成了对科学社会主义的论证。唯物史观和剩余价值学说证明了无产阶级专政是无产阶级和资产阶级之间斗争的必然产物，改革是社会基本矛盾运动的必然结果，暴力斗争是实现社会主义的必由之路，从而将社会主义建立在科学的基础之上。

从整个社会主义的发展历程来看，社会主义从空想到科学的发展具有极其深远的现实意义。在大学生马克思主义历史观教育中，我们要使大学生明确为什么科学社会主义的创立实现了社会主义从空想到科学的飞跃，不断加深大学生对科学社会主义理论渊源、形成机制和社会主义必然胜利的原因以及实现途径的理解，明确资本主义基本矛盾的发展必然导致资本主义走向灭亡，社会主义必将取得最终胜利。

二　社会主义从理论到现实

十月革命的胜利是一个艰辛曲折的历史过程。随着 19 世纪末 20 世纪初西方资本主义世界进入帝国主义发展阶段，俄国社会内部工农大众同沙

①　《马克思恩格斯选集》第 9 卷，人民出版社，2009，第 28 页。

皇专制制度的矛盾、无产阶级同资产阶级的矛盾、农民同地主的矛盾、被压迫民族同沙皇帝国主义的矛盾相互交织，农民暴动此起彼伏。二月革命中，愤怒的工人和倒戈的士兵攻占了沙皇政府机关，组织了自己的领导机构苏维埃，出现了两个政权在首都并存的状况。在《四月提纲》中，列宁为布尔什维克党提出了从资产阶级民主革命过渡到社会主义革命的路线和计划，并且最终赢得了党内多数人的支持。正当布尔什维克党对广大群众进行宣传教育，试图进一步推进革命的时候，临时政府却企图通过军事上的胜利摆脱危机，最终军事上的惨败发展为对示威群众的镇压，政权完全落入资产阶级临时政府手中。俄历 10 月 24 日，武装起义开始，起义队伍最终占领东宫。全俄工兵代表苏维埃第二次代表大会宣布资产阶级临时政府已被推翻，一切政权归工兵代表苏维埃，世界上第一个无产阶级专政国家就此诞生。

十月革命的伟大胜利使社会主义从理论变为现实。十月革命后，俄国开启了一个崭新的时代，为把俄国改造成为社会主义工业强国和实现国家现代化创造了重要条件。十月革命胜利和社会主义政权的建立打破了资本主义一统天下的世界格局。十月革命胜利后俄国建立了世界上第一个社会主义国家，使马克思列宁主义传遍世界，也使国际无产阶级革命运动与殖民地半殖民地被压迫民族的解放运动受到了极大鼓舞。十月革命的胜利使崭新的社会制度由理想变为现实，是建立社会主义制度的第一次成功实践。十月革命探索了一条在经济文化不发达国家实现现代化的非资本主义道路，即先夺取政权，然后在苏维埃先进制度的基础上赶上西欧文明。在列宁与布尔什维克党的领导下，苏维埃俄国初步建立了社会主义性质的政治、经济、文化制度，真正将社会主义从理论变成了现实。

马克思主义历史观教育要帮助大学生从历史长河中分析历史演变机理、探究历史规律。当今网络上充斥着众多质疑十月革命和列宁的错误观点，以"清算说""审判说""阴谋论""灾难说"为主要代表，其实质是西方资本主义国家对社会主义进行的曲解和污蔑。十月革命使社会主义由理论变为现实，其深远的历史意义既体现为中国范围内市场经济的改革、对群众路线的坚持和党的自身建设的不断加强，也体现为国际共产主义运动的不断发展。只有不断提高大学生的理论和思想水平，使其明确为什么十月革命的胜利实现了社会主义从理论到现实的飞跃，厘清十月革命的历史必然性及十月革命对中国共产党、对中国革命的重要意义，才能自觉抵制历史虚无主义思潮。

三　社会主义从一国到多国

社会主义实践由一国发展到多国，标志着社会主义发展进程的又一次历史性飞跃。列宁科学揭示了帝国主义条件下社会主义革命发展的规律，在新的历史条件下为无产阶级革命和社会主义建设指明了方向。十月革命之后，列宁率先实行战时共产主义政策，在苏俄国内革命战争时期成功巩固了社会主义政权。进入和平建设时期，列宁针对俄国国内战争后苏维埃政权面临的形势，推行了新经济政策，有力推动了国民经济的发展，充分调动了人民的生产积极性。列宁认为，无产阶级政权和机器大工业生产是社会主义的政治保证与经济保证。无产阶级取得革命胜利之后的任务，就是要充分运用手中的政权力量，将小生产经济逐步纳入社会主义经济建设之中，与此同时也要发展社会主义的大工业生产。如果能完成这个任务，俄国的社会主义社会就具备了坚实基础。在列宁的领导下，苏联人民为巩固新生的无产阶级政权进行了艰苦斗争，并且为实行社会主义变革一步步开始了改造旧经济、建设新经济的伟大工作。

经过几十年的发展，苏联逐渐从落后的农业国转变为强大的工业国，社会主义在苏联展现出强大的生命力。而资本主义国家经历了战争后的经济萧条、社会动荡，使世界局势更为紧张。第二次世界大战后，苏联社会主义革命建设的伟大成就影响了遍布在欧洲、亚洲、拉丁美洲的多个国家，其先后走上了社会主义道路，使世界形成了社会主义的强大阵营。社会主义阵营的形成加速了世界殖民体系的瓦解，从根本上改变了国际关系的格局，尤其是中国特色社会主义的开创使世界资本主义与社会主义力量对比发生了新变化，社会主义力量在世界范围内不断成长和壮大。然而，社会主义道路作为人类寻求解放的新兴道路注定是在曲折中发展的。一些国家在社会主义改革的过程中偏离了社会主义方向，最终导致了东欧剧变和苏联解体，社会主义力量遭到了前所未有的削弱，世界社会主义运动遭受了历史性的挫折。然而，社会主义制度是符合人类社会发展规律的制度，社会主义道路代表人类社会发展方向，这是不可改变的。

社会主义从一国到多国的发展历程，是把握世界社会主义发展史的又一重要线索。在开展马克思主义历史观教育过程中，我们要教育大学生明确社会主义的发展历程，把握社会主义从一国发展到多国的历史贡献与经验教训，将科学社会主义理论与具体实践相结合，坚定社会主义和共产主义理想信念。

四　社会主义在中国焕发出强大生命力

社会主义道路在中国的开辟显示了社会主义的强大生命力。社会主义在中国的发展和成长壮大既是历史发展的必然，也是中国共产党和人民的自主选择。社会主义传到中国，成为中国共产党的行动指南。坚持走符合中国国情的社会主义道路成为一代又一代中国共产党人的坚守。中国共产党带领中国人民经过 28 年艰苦卓绝的奋斗实现了民族独立，成立了人民当家作主的新中国，开启了社会主义的新征程。在一个贫穷落后的东方大国如何建设社会主义，这是摆在老一辈无产阶级革命家和政治家面前的重大课题。中国共产党把马克思主义基本原理与中国具体实际相结合，走出了一条适合中国国情的社会主义道路，成功地实现了中国历史上最深刻最伟大的社会变革。在探索社会主义道路的过程中，我们始终面临着敌对势力的干涉和破坏，也面临着许多没有现成答案的难题，走了一些弯路。然而，中国共产党人始终坚定走社会主义道路的信念。党的十一届三中全会实现了党和国家工作中心的转移，作出了改革开放的历史性决策。在世界社会主义运动遭受挫折的严峻形势下，中国走出了一条适合中国国情的社会主义发展道路。中国创造性地提出了社会主义初级阶段理论，建立了社会主义市场经济体制。面对西方国家的挑衅和意识形态渗透，中国始终坚持四项基本原则不动摇，坚持改革开放不停步，迎来了中华民族从站起来、富起来到强起来的伟大飞跃。

中国特色社会主义的巨大成功把世界社会主义运动推到了新的历史阶段。进入新时代，意味着中国特色社会主义道路、理论、制度、文化不断发展，社会主义在 21 世纪焕发出强大的生机和活力。中国的经济实力、科技实力和综合国力都得到极大的提高，以雄辩的事实证明了社会主义道路是一条代表最广大人民群众根本利益的道路，是实现人类解放的必由之路。中国历史性地解决了绝对贫困问题，全面建成了小康社会。中国人民当家作主的权利得到充分保障，中国人民的生存权、发展权、公民权利和政治权利以及特定群体的权利都得到了充分保障。中国建成了世界上最大的社会保障体系，2020 年基本医疗保险覆盖达 13.6 亿人；中国居民平均预期寿命从 1949 年的 35 岁增长到 2019 年的 77.3 岁。[①] 在新冠疫情面前，中国特色社会主义制度优势得到充分彰显，人民至上的理念贯穿抗击疫情的始终。经过全体人民的共同努力，中国控制住了疫情的蔓延，取得了抗击疫情的伟大胜利。在这场全球大考中，社会主义制度经受住了考验，我们在社会主义道路上走得更加坚定。中国特色社会主义所取得的伟大成就极大地鼓舞了世界范围内人们对社会主义的信心，也再一次证明了社会主义道路是人类解放的必由之路，宣告了"历史终结论"的终结、"社会主义失败论"的失败，为未来社会主义的光明前景注入强大的力量。

中国开辟的社会主义道路推动了世界范围内社会主义力量的发展壮大，开辟了世界走向现代化的崭新道路。中国特色社会主义道路的开辟为许多发展中国家提供了中国经验、中国智慧和中国方案，也为世界持久和平发展注入了强大力量。我们要通过马克思主义历史观教育，使大学生明确中国特色社会主义道路为人类解放作出了突出贡献，教育大学生坚定不

---

① 中华人民共和国国务院新闻办公室：《中国共产党尊重和保障人权的伟大实践》，人民出版社，2021，第 26~29 页。

移地走中国特色社会主义道路，在谋求国家富强人民幸福的进程中推动世界的和平与进步。

第四节　以中国共产党百年奋斗重大成就
和历史经验为核心内容

党的十九届六中全会审议通过的《中共中央关于党的百年奋斗重大成就和历史经验的决议》全面、深刻地阐释了中国共产党百年奋斗的历史意义。开展大学生马克思主义历史观教育，要以史实为依据，从历史实际出发，实事求是，教育大学生充分学习中国共产党百年历史，从中国共产党百年奋斗的光辉历程中学习伟大成就、总结历史经验，从而明确过去我们为什么能够成功，未来我们怎样才能继续成功。

一　从党的百年奋斗重大成就中汲取力量

从鸦片战争到中华人民共和国成立，这段历史是中华民族历经劫难的屈辱历史，也是中华儿女不甘屈服、奋起反抗的奋斗历史。中国共产党的创建是近代中国历史发展的必然结果，也是近代中国革命运动发展的必然要求。在百余年的不懈奋斗中，中国共产党科学带领中国人民完成了新民主主义革命、社会主义革命和建设、改革开放和社会主义现代化建设，不断建设新时代中国特色社会主义，为实现中华民族伟大复兴奠定了坚实的基础。大学生要深刻认识党的百年奋斗成就来之不易，从而砥砺初心、接续奋斗，不断开辟中华民族伟大复兴的光明前景。

第一，新民主主义革命的伟大成就"为实现中华民族伟大复兴创造了根本社会条件"[①]。从 1919 年"五四运动"到 1949 年中华人民共和国成立，中国共产党团结带领中国人民完成新民主主义革命，为中华民族发展进步开启了新纪元。中国共产党的诞生使中国革命的面貌焕然一新。中国

[①]　习近平：《在庆祝中国共产党成立 100 周年大会上的讲话》，《人民日报》2021 年 7 月 2 日，第 2 版。

共产党的创建是近代中国历史发展的必然结果，也是近代中国人民革命运动发展的必然要求。鸦片战争以后，推翻清朝的腐朽专制，反对帝国主义的侵略成为广大中国人民的一致要求。然而，一系列自强运动与改良主义无法触动封建统治的根基，资产阶级革命派领导的辛亥革命与其他救国方案也宣告破产，历史要求一种新的理论来指导中国革命，一个新的政党带领人民进行伟大斗争。轰轰烈烈的"五四运动"使马克思主义在中国得到广泛传播，使工人阶级成为近代中国最先进、最具革命性和最有力量的阶级，使马克思主义成为指导中国工人运动发展的科学理论。中国共产党带领中国人民一步步取得了革命战争的胜利。1922 年党的二大将最高纲领与最低纲领进行区分，明确了中国革命首先要完成的任务就是反帝反封建。中国共产党领导人民结束了军阀割据与混战的黑暗局面，解决了"中国资产阶级民权革命的中心问题"，夺取了抗日战争胜利，科学运用毛泽东军事思想，摧毁了国民党反动派维持其反动统治的主要军事力量，为中国共产党夺取政权、实现革命在全国的胜利奠定了基础。中国共产党领导中国人民成立了中华人民共和国。中国人民"不但善于破坏一个旧世界，我们还将善于建设一个新世界"[①]。中华人民共和国成立前夕，毛泽东科学阐明中国共产党在成立新中国问题上的主张，指出建立工人阶级领导的人民民主专政的人民共和国是历史的必然，要将对人民内部的民主与对反动派的专政结合起来。中华人民共和国成立开创了中国历史的新纪元，激起了世界各国特别是殖民地、半殖民地国家人民的斗争意志。

第二，社会主义革命和建设取得的伟大成就使中华民族真正改变了过去积贫积弱的局面。一是中国共产党建立并巩固了人民民主专政的国家政权组织形式，确立了社会主义政治制度。中华人民共和国成立后，需要建立与人民民主专政的国体相适应的政治制度，为新中国提供根本政治保障。1949 年，中国人民政治协商会议第一届全体会议召开，标志着中国共产党领导的多党合作和政治协商制度正式确立。1954 年，中华人民共和国第一届全国人民代表大会第一次会议的召开标志着我国根本政治制度——

①　《毛泽东选集》第 4 卷，人民出版社，1991，第 1439 页。

人民代表大会制度的确立，会议审议通过了中华人民共和国第一部社会主义类型的宪法，以根本大法形式确立了社会主义国家性质，并对民族自治地方进行规范，使民族区域自治制度作为我国的一项基本政治制度得以实现。二是中国共产党带领中国人民完成了社会主义改造，建立了社会主义制度。我国建立起社会主义政治制度之后，开始循序渐进地完成经济上的社会主义革命任务。按照 1953 年提出的过渡时期总路线指引的方向，在党的领导下有序地开展对生产资料所有制的社会主义改造，并通过"一五计划"的实施，开始进行社会主义工业化建设。在改造的不同阶段，党和政府适时调整政策，以统筹兼顾为原则，于 1956 年基本上完成对生产资料私有制的社会主义改造，实现了生产资料公有制与按劳分配，从而建立起社会主义经济制度。与此同时，马克思列宁主义、毛泽东思想在我国的指导地位进一步加强，社会主义文化建设也逐步展开。党的八大宣告我国已经基本上建立了社会主义制度。三是中国共产党带领中国人民推进社会主义建设。为了迅速改变国民经济长期落后的状态，为了在生产力水平落后的国家建立、巩固和发展社会主义，在此期间，以毛泽东同志为主要代表的中国共产党人成功找到了社会主义建设的正确道路。几十年间，党带领人民分别从工业方面、农业方面以及教育、科学、文化、卫生、体育事业方面开展了全面的大规模的社会主义建设，最终建立了独立的比较完整的工业体系以及国民经济体系，使我国社会从此发生了翻天覆地的变化。

第三，改革开放和社会主义现代化建设新时期取得的伟大成就"为实现中华民族伟大复兴提供了充满新的活力的体制保证和快速发展的物质条件"[①]。一是以邓小平同志为主要代表的中国共产党人开创了中国特色社会主义，创立了邓小平理论。党的十一届三中全会恢复并坚持了党的实事求是的思想路线，为党科学认识中国社会主义建设问题奠定了思想理论基础。党的十二大以后，邓小平对建设有中国特色的社会主义这一总命题进行阐发，到了党的十三大，逐步形成了一系列新思想、新观念，制定并贯

---

① 习近平：《在庆祝中国共产党成立 100 周年大会上的讲话》，《人民日报》2021 年 7 月 2 日，第 2 版。

彻执行了一系列建设有中国特色的社会主义的基本路线、方针与政策。以邓小平同志为主要代表的中国共产党人第一次对于在中国如何建设并巩固发展社会主义的基本问题作出了系统回答，提高了对社会主义的认识水平。二是以江泽民同志为主要代表的中国共产党人成功推进了中国特色社会主义，形成了"三个代表"重要思想。党的十三届四中全会之后，在复杂的国际形势下，以江泽民同志为主要代表的中国共产党人从政治、经济、思想以及党的建设方面，对过去的工作经验进行总结，并及时研究、解决了一些紧迫问题。到党的十三届七中全会，中国共产党认真总结了社会主义建设时期的丰富经验，阐述了建设有中国特色的社会主义的十二条原则，促进生产力发展与社会全面进步，使国家的综合国力、国际地位得到显著提升。三是以胡锦涛同志为主要代表的中国共产党人坚持并发展中国特色社会主义，形成了科学发展观。随着改革开放的不断深入，以胡锦涛同志为主要代表的中国共产党人对于我国发展进程中面临的新情况与新问题进行科学分析，深入认识社会主义发展规律并深刻总结我国发展经验，对于社会和谐问题进行了突出强调，将社会更加和谐作为全面建设小康社会的重要目标之一。构建社会主义和谐社会强调处理好人与自然、人与社会、人与人之间的关系，与全面建设小康社会同属建设中国特色社会主义的范畴，与社会主义政治建设、经济建设、文化建设是有机统一的整体。

第四，新时代中国特色社会主义的伟大成就"为实现中华民族伟大复兴提供了更为完善的制度保证、更为坚实的物质基础、更为主动的精神力量"[1]。一是中国共产党带领中国人民全面建成小康社会，为实现中华民族伟大复兴奠定了坚实的物质基础。改革开放以来，中国共产党带领中国人民朝着建设小康社会的目标迈出坚实步伐，使小康社会建设经历了从"总体小康"向"全面小康"发展、从"全面建设"向"全面建成"推进的历程。党的十八大以来，党科学带领人民努力打赢脱贫攻坚战，实现全民

---

[1]　习近平：《在庆祝中国共产党成立100周年大会上的讲话》，《人民日报》2021年7月2日，第2版。

脱贫，由追求经济发展速度转向注重经济发展质量，推进国家治理体系和治理能力现代化进程，全面建成小康社会取得了一系列伟大历史成就。二是全面从严治党取得卓著成效。中国共产党作为中华民族伟大复兴的领导核心，自成立以来就始终坚守自身的先进性和纯洁性，将人民群众团结在自己的周围，为实现民族复兴凝聚力量。党的十八大以来，以习近平同志为核心的党中央从实现中华民族伟大复兴的奋斗目标出发，依据党在新的历史时期所面临的伟大任务与使命，在全面从严治党方面提出了一系列新的思想战略。中国共产党以政治建设为统领，严肃党内政治生活，锤炼党员干部队伍，全面治理和整顿了党内的一系列问题，将党内法规制度建设提升到一个新的高度，并在实践中得以落实，从而不断改善党的作风，增强党的威信，提升党的国际形象，使党不断焕发出生机与活力。三是积极构建人类命运共同体。自中华人民共和国成立起，世界就始终关注"中国选择了一条什么样的发展道路，中国的发展对世界意味着什么"这一问题。改革开放之后，中国走上了人类追求文明进步的一条和平发展道路，成为维护世界和平、促进共同发展的坚定力量。进入 21 世纪以来，西方资本主义国家在政治、经济方面出现了一系列新问题，而人类需要共同面对的问题如环境问题、健康问题、恐怖主义等愈发增加。中国共产党将构建人类命运共同体作为使命，力求在新时代更好地推动世界和平与发展。这一系列伟大成就充分彰显了中国共产党的领导水平与执政能力，展现了中国特色社会主义制度和国家治理体系的强大优势。

二 运用党的百年奋斗历史经验指导实践

中国共产党在百余年来领导人民进行伟大奋斗的实践中，不断披荆斩棘，奋发进取，在取得伟大成就的同时，也积累了丰富的历史经验，这是党和人民的重要财富。对于这些宝贵的历史经验，"必须倍加珍惜、长期坚持，并在新时代实践中不断丰富和发展"①。对于具有百年历史并长期执政的中国

---

① 《〈中共中央关于党的百年奋斗重大成就和历史经验的决议〉辅导读本》，人民出版社，2021，第 79 页。

共产党来说，总结历史经验至关重要。我们要教育大学生学习并珍惜中国共产党百年奋斗历史经验，用党的百年历史经验和智慧指导工作实践。

第一，坚持党的领导。中国共产党是领导中国特色社会主义事业的核心力量，一部中国共产党的历史就是党领导人民致力于民族复兴的艰辛奋斗史。中国共产党肩负着实现中华民族伟大复兴的历史使命，领导人民成立了人民民主专政的新中国，确立了社会主义基本制度，开辟了中国特色社会主义道路。历史与现实都证明，只有中国共产党才能带领中华民族实现伟大复兴的中国梦。因而，我们只有将坚持党的领导落实到党和国家事业的各方面各环节，才能不断接近民族复兴的伟大目标。

第二，坚持人民至上。人民群众是推动我国各项事业发展进步的根本力量，始终坚持人民至上是无产阶级政党对待人民的根本立场。人民性是马克思主义的鲜明品格，正是因为马克思主义将人的自由全面发展作为自身追求的终极目标，党才能够始终代表最广大人民的根本利益，从来没有任何自己的特殊利益。只要我们始终坚持全心全意为人民服务的根本宗旨，坚持无产阶级政党的群众观点与群众路线，就一定能够推动中国特色社会主义不断向前发展，领导人民不断夺取新时代伟大斗争新胜利。

第三，坚持理论创新。理论对于中华民族的发展至关重要，只有坚持正确的理论指导，才能在实践中进行伟大创造。党之所以取得一次次伟大胜利，完成一次次艰巨任务，最根本的原因就在于始终"坚持把马克思主义基本原理同中国具体实际相结合、同中华优秀传统文化相结合"[1]，用发展着的马克思主义指导中国特色社会主义的伟大实践。这一过程既展示了马克思主义固有的生命力，也极大地丰富和发展了马克思主义，只要我们在实践基础上继续坚持理论创新，就一定能让马克思主义展现出更加强大的真理力量。

第四，坚持独立自主。坚持独立自主是中国共产党通过百年奋斗得出的历史结论，是我们立党立国的重要原则。党的百年历史经验告诉我们，

---

[1]　习近平：《在庆祝中国共产党成立 100 周年大会上的讲话》，《人民日报》2021 年 7 月 2 日，第 2 版。

正是始终坚持独立自主的方针政策，我们才能够始终将命运掌握在自己手中，才能坚持独立思考和解决新的实际问题，战胜一系列重大风险挑战。历史与事实证明，完全依赖外部力量，机械照搬他国模式永远无法实现民族与国家的富强振兴，只有坚持走中国特色社会主义道路，处理好借鉴与自立、开放与自主的辩证关系，才能保证党和人民事业持续走向新的胜利。

第五，坚持中国道路。中国道路之所以引领我们取得一个又一个胜利，根本原因就在于它是从中国实际出发、符合中国国情的发展道路。新时代，中国特色社会主义道路继续引领人民不断创造美好生活，是实现中华民族伟大复兴的正确道路，是致力于世界长远和平与发展的道路，是站在全人类的角度考虑本国发展战略的道路，是推动各国和谐共生、共同发展和进步的道路。我们要坚定不移地走中国特色社会主义道路，坚持中国道路蕴含的历史智慧与当代价值，始终沿着正确方向坚定前行，推动中国特色社会主义事业发展壮大。

第六，坚持胸怀天下。中国共产党作为马克思主义政党，从创建之日起就把推动人类进步作为自己的崇高追求，中国共产党始终致力于建立更加美好的世界。当代世界正经历"百年未有之大变局"，多种矛盾共生于世界之中，任何人、任何国家都不能独善其身。中国共产党积极推动构建人类命运共同体，始终正确认识和处理自身同外部世界的关系，不断为共建美好世界作出自己的努力。只要我们坚持和平发展道路，坚持胸怀天下，就能为人类发展作出更大贡献。

第七，不断开拓创新。回顾百年党史，党带领人民不断进行理论创新，实现了马克思主义中国化的新飞跃；坚持实践创新，铸就全面建成小康社会的辉煌；坚持制度创新，使中国特色社会主义制度更加成熟；坚持文化创新，不断迈向社会主义文化强国。当前，我国面临着更加严峻复杂的国内外形势，只有坚持开拓创新，在时代的潮流中把握大势，勇于变革，才能充分运用智慧，进而创造出更多举世瞩目的人间奇迹。

第八，敢于斗争。百年来，中国共产党无论面临何种困难，始终迎难而上，具备敢于斗争的强大精神力量。只有通过不断斗争，社会才能进步，革命的理想才能实现。党不但敢于斗争，并且善于斗争。中国共产党人正是通过百年的英勇斗争，实现了深刻的社会变革，推动了我国社会的进步和发展。如今我们正处于中华民族发展的关键时期，我们仍然有着许多困难需要克服，许多问题亟须解决。这就要求我们继续发扬老一辈革命者的斗争精神，以昂扬的斗志投入新的伟大斗争之中。

第九，坚持统一战线。由于党的主要任务和团结对象的不同，党在不同时期的统一战线具有不同的特点，但都实现了革命力量的团结，坚持统一战线是党克敌制胜的重要法宝。今天，我们更应该充分认识统一战线所具有的时代内涵和重大意义，充分理解统战工作是我们党治国理政必须抓好的重要工作。只有坚持统一战线，才能实现民族的大团结和大联合，才能调动一切积极的因素，汇聚起中华民族伟大复兴的磅礴伟力。

第十，坚持自我革命。中国共产党百年奋斗取得重大成就的主观条件，在于党始终坚持和弘扬以伟大建党精神为源头的伟大自我革命精神，在党的理想信念、思想品格、能力水平等各方面既坚持初心使命又不断开拓进取，既坚持了党的性质宗旨又引领和推进了伟大社会革命。面对全面建成社会主义现代化强国的新时代使命，要更好地坚持和弘扬党的自我革命精神，积极开展批评和自我批评，以党的健康发展和精神纯洁为目标，以服务人民为宗旨，把自我革命的伟大精神熔铸于全面从严治党和伟大社会革命的实践之中。

第四章

发挥高校在大学生马克思主义历史观教育中的作用

开展大学生马克思主义历史观教育，需要从多角度出发，调动各方面的积极因素，全方位地构建培养大学生全面发展的教育途径。我们要将立德树人贯彻到高校课堂教学全过程之中，完善高校课堂教学方法和措施，充分发挥大学生马克思主义历史观教育的教学途径。高校在历史观教育课堂教学过程中，应当做到将传统教学与创新教学相结合，将理论教学同实践教学相结合。在充分发挥思想政治理论课的主渠道作用的基础上，使课程思政与思想政治理论课同向同行，形成协同效应，并开展课堂实践活动，丰富教育形式，从而形成良好的教育合力，取得更佳的教育效果。

第一节　发挥思想政治理论课的主渠道作用

习近平总书记强调："做好高校思想政治工作，要因事而化、因时而进、因势而新。要遵循思想政治工作规律，遵循教书育人规律，遵循学生成长规律，不断提高工作能力和水平。要用好课堂教学这个主渠道。"① 对于大学生而言，历史观形成的基础在于理论认知，所以对大学生进行马克

---

① 《习近平在全国高校思想政治工作会议上强调 把思想政治工作贯穿教育教学全过程 开创我国高等教育事业发展新局面》，《人民日报》2016 年 12 月 9 日，第 1 版。

思主义历史观教育也要充分利用课堂这一主阵地，丰富思想政治理论课的教学形式，深化思想政治理论课教学改革，使思想政治理论课的主渠道作用得以充分发挥。在课堂教学过程中，我们要通过多种形式的理论教育，积极运用现代化教学手段，充分提升大学生的理论认知能力，使马克思主义历史观深入大学生头脑。

一　大力加强理想信念教育

思想政治教育的核心就是教育大学生坚定理想信念，树立正确的世界观、人生观、价值观。思想政治理论课作为大学生马克思主义历史观教育的主渠道，对大学生理想信念教育也具有重要作用。当前，高校本科生的思想政治理论课由"习近平新时代中国特色社会主义思想概论""马克思主义基本原理""毛泽东思想和中国特色社会主义理论体系概论""中国近现代史纲要""思想道德与法治""形势与政策"等课程组成。我们要整合课程资源，形成教育合力，使大学生做到以理想信念引领历史使命，学会运用唯物史观和科学方法论认识问题、分析问题、解决问题，做到心中有信仰，脚下有力量。

"习近平新时代中国特色社会主义思想概论"课程旨在全面系统地介绍习近平新时代中国特色社会主义思想的新思想、新战略、新论断，引导大学生深刻认识并理解这一思想的丰富内涵与重要意义，帮助大学生正确把握世界和中国发展大势，明确时代责任与历史使命，助其努力成为德智体美劳全面发展的社会主义建设者和接班人。习近平新时代中国特色社会主义思想是新时代精神的精华，饱含对马克思主义的坚定信仰，对社会主义和共产主义的坚定信念，对中国特色社会主义的自信。教育者要厘清习近平新时代中国特色社会主义思想形成的理论逻辑与历史逻辑，深入讲授习近平总书记关于理想信念的重要论述，着力加强理论武装，使大学生坚定理想信念，强化思想定力，成为习近平新时代中国特色社会主义思想的坚定信仰者和忠诚践行者。

"马克思主义基本原理"课程通过对马克思主义基本原理的详细梳理，

系统阐述了马克思主义的科学体系和本质特征，为大学生认识物质世界的本质规律提供了科学依据。"马克思主义基本原理"课程内容将共产主义理想信念建立在科学的基础之上，其中，对唯物史观基本原理进行具体阐释，使大学生明确人类社会的发展规律，科学判断资本主义与社会主义的发展趋势，为实现共产主义崇高理想而努力奋斗。"马克思主义基本原理"教材在"社会主义的发展及其规律"一章集中阐释了世界社会主义发展史、科学社会主义基本原则以及现实社会主义的发展规律。教育者在讲授过程中不能只停留在抽象的原理分析上，要将马克思主义基本原理与理想信念教育有机结合，使大学生明确共产主义理想信念是对人类社会发展规律的科学认识。例如，在讲解"两个必然"时，要联系具体历史资料与当下实际，使大学生明确我们党选择社会主义的历史必然性，认识社会主义发展过程中的长期性、多样性问题，对未来的社会主义事业充满希望与信心。

"毛泽东思想和中国特色社会主义理论体系概论"课程也是落实立德树人根本任务的重要课程之一，旨在专门讲授马克思主义中国化的历史进程，以毛泽东思想为重点，阐述新民主主义革命的历程以及革命过程中的挫折与胜利，结合了新时代马克思主义中国化的最新理论成果，教育大学生必须将马克思主义基本原理与具体国情相结合，做到理论联系实际，实事求是。新中国史是马克思主义中国化的历史，其内容不但反映马克思主义中国化的思想来源、具体过程，也反映马克思主义中国化的领导力量。坚定的理想信念是中国共产党人的精神脊梁，老一辈革命家对实现共产主义远大理想抱有坚定的信念，最终取得革命胜利，成立新中国。教育者要用丰富的历史事实与生动的历史细节呈现马克思主义中国化的历史进程，向大学生讲述新中国史中英雄人物的历史事迹，教育大学生深刻学习并领会中国共产党人精神，坚定自身的理想信念。

"中国近现代史纲要"课程旨在对中国近现代发展历史作出整体、系统的解读，分析历史和实践最终选择中国共产党的领导、选择马克思主义、选择社会主义道路、选择改革开放的必然性，教育大学生认识帝国主

义的侵略本质，明辨历史虚无主义错误思潮，引导其树立正确的历史观、
国家观、民族观。"中国近现代史纲要"课程讲述的历史同时也是中华民
族坚守理想信念的历史。教育者可以从历史的角度，讲述历史英雄人物因
为不同的理想信念走上不同发展道路，对我国的发展起到巨大促进作用的
故事。教育者要将正确的思想导向和价值判断融入对历史的叙述和判断之
中，让大学生明确正是中华民族连绵不断的历史创造了博大精深的中华文
化，培育了以爱国主义为核心的民族精神，培育了各族人民共同坚守的理
想信念。从而培养大学生的家国情怀，使大学生实现知史报国、知史爱
党，勇于担当起时代与历史赋予的使命。

　　"思想道德与法治"课程主要教育大学生提升其思想道德素质与法律
修养，明确新时代的历史使命，做担当民族复兴大任的时代新人，培育其
形成正确的世界观、人生观、价值观，树立远大的理想目标。"思想道德
与法治"课程的很多内容都与理想信念教育相关，其中第二章"追求远大
理想，坚定崇高信念"更是理想信念教育的主要部分，包括"理想信念的
内涵及重要性""坚定信仰信念信心""在实现中国梦的实践中放飞青春梦
想"三个专题，对理想信念作出全面详尽的解读。教育者要注重理论联系
实际，充分助力"思想道德与法治"课程育人功能的发挥，帮助大学生解
决有关人生、理想、道德等诸多方面的理论问题与实际问题。例如，新时
代各行各业都涌现出了一系列爱岗敬业、无私奉献的楷模，赋予劳模精神
（劳动精神、工匠精神）以新的时代内涵。教育者在讲解"在实现中国梦
的实践中放飞青春梦想"这部分内容时，可以联系实际，以模范人物的光
荣事迹为例重点展开教学，使大学生从中汲取不懈奋斗的力量，努力实现
个人理想和社会理想的统一。

　　"形势与政策"课程主要讲授当前国内外的经济、政治形势，以及我
国对此作出的应对政策，使大学生深刻、全面地认清当前国内外的形势，
准确理解党的路线、方针与政策。在"形势与政策"课程中，教育者要重
点教育大学生科学运用马克思主义历史观，对当前国内外经济政治形势、
国际关系以及国内外热点事件进行分析研判，在纷繁复杂的国内外形势下

正视我国面临的机遇与挑战，坚定"两个必然"，坚定社会主义与共产主义理想信念。例如，教育者在讲授"全面建成小康社会"这一内容时，要教育大学生立足国际视野，深刻理解并把握"四个全面"战略布局，明确中国道路的本质特征与鲜明特色；在讲授"全球抗疫"的内容时，要从国际比较视野的角度，科学比较并分析不同国家的情况，使大学生明确社会主义制度的优越性，在比较中坚定理想信念；在讲授"俄乌冲突"的问题时，也要立足国际视野，讲清中国作为协调者如何履行大国国际责任，如何更好地处理对外开放与安全的关系，教育大学生在客观分析国际局势中形成良好的思辨能力，树立正确的价值观。

二 重点强化"四史"教育

"四史"展现了中国共产党带领中华民族走向复兴的光辉历史。习近平总书记多次指出学习"四史"的重要性，指出理论知识的学习要与"四史"相结合，并强调："希望广大党员特别是青年党员认真学习马克思主义理论，结合学习党史、新中国史、改革开放史、社会主义发展史，在学思践悟中坚定理想信念，在奋发有为中践行初心使命。"① 无论是党加强思想理论建设，还是高校落实立德树人的根本任务，都需要对"四史"加以学习。目前，在高校思想政治理论课教学中设置"四史"教育课程作为通识教育选修课，是强化马克思主义历史观教育的重要手段，也是当前高校思想政治工作的一项重要任务。开展马克思主义历史观教育，我们需要大力强化"四史"教育，充分发挥"四史"的育人作用，帮助大学生树立正确的历史观，增强其政治认同、思想认同、情感认同。

第一，强调"四史"教育的政治导向。大力强化"四史"教育，首先就要增强大学生的政治认同。中国共产党从领导中国人民夺取新民主主义革命的伟大胜利，成立了中华人民共和国，到取得社会主义革命和建设的一系列伟大成就，到改革开放和社会主义现代化建设新时期开创了中国特

---

① 《习近平给复旦大学青年师生党员回信勉励广大党员：在学思践悟中坚定理想信念 在奋发有为中践行初心使命》，《人民日报》2020年7月1日，第1版。

色社会主义的伟大事业，再到如今书写了新时代中国特色社会主义的新篇章，这一段段光辉历史都蕴含着丰富的实践经验和社会发展规律。历史是最好的教科书和清醒剂，任何时候我们都要引导学生树立正确的历史观、国家观，引导学生为实现中华民族伟大复兴的中国梦贡献智慧和力量。教育者要以习近平总书记关于"四史"教育的重要论述为指导，也要把握好"四史"的发展脉络。从整体而言，"四史"讲述了中国共产党以人民为中心谋独立、谋幸福、谋复兴、谋大同的伟大斗争史。无论是新中国史、改革开放史还是社会主义发展史都离不开中国共产党的领导，都是中国人民在党的领导下在国家建设、经济社会发展乃至世界社会主义革命等维度下展开的历史实践。因而，教育者要做到以党史为主线，从整体把握"四史"的发展脉络，讲清楚"四史"的内涵与价值，使大学生清晰完整地领悟"四史"的时代内涵与重要意义，明确中国共产党为什么能、马克思主义为什么行、中国特色社会主义为什么好，通过对中华民族历史命运的深刻感悟明确当代中国的走向。

第二，发挥"四史"教育的思想引领作用。大力强化"四史"教育，也要增强大学生的思想认同。当前，随着网络技术的兴起，互联网平台逐渐成为历史虚无主义的传播载体，历史虚无主义的重点和核心是在对历史的研究中颠覆人们对历史主流和主线的判断，对人民群众的历史认知产生严重误导。教育者应当以"四史"知识为引领，以史实为依据，加大对不良社会思潮的驳斥力度，对大学生的思想困惑进行答疑解惑。针对历史虚无主义对中国历史和现实的否定与质疑，我们要更好地宣传中国特色社会主义的伟大成就，从过去与现在的比较中证明中国取得的伟大奇迹，在国内与国外的比较中宣传中国特色社会主义制度的优越性。我们要充分发挥"四史"教育的思想引领性作用，旗帜鲜明地教育大学生应遵循什么、批判什么。

第三，增强"四史"教育的情感共鸣。大力强化"四史"教育，也要增强大学生的情感认同，使其做到知史爱党、知史爱国。教育者要通过课堂教学、社会实践等方式向大学生讲好党的故事、革命的故事、英雄的故事，引起大学生的情感共鸣。党史学习教育要让学生明白中国共产党的历史就是党带领人民反抗外来侵略、争取民族独立的历史，是实现中华民族伟大复兴和人民解放的辉煌历史；新中国史教育要讲清楚中华人民共和国从一穷二白到全面建成小康社会再到建设中国特色社会主义现代化强国的发展历程；改革开放史教育要讲清楚改革开放的历史必然性和改革开放经受风险考验并战胜艰难险阻的艰辛过程，讲清楚改革开放成功开创和发展了中国特色社会主义；社会主义发展史教育要讲清楚社会主义从空想到科学、从理论到实践、从一国到多国、从中国社会主义制度的确立到中国特色社会主义的伟大实践和理论创造的历史进程，这一进程遵循"两个必然"的历史发展趋势。教育者要引导大学生明确青年在不同历史时期所担当的时代责任。中华人民共和国成立之前，青年要担当的时代责任是挽救民族危亡，为国家的复兴奔走呼号；中华人民共和国成立初期，广大青年要担当的责任是维护来之不易的革命成果，保卫祖国不受西方反动势力的威胁和恐吓。新时代青年大学生也同样要肩负起历史与时代赋予的责任，自觉担当起兴国、强国的时代重任。引导大学生厚植爱党、爱国、爱社会主义的情感，更好地认识过去、把握当下、面向未来，凝聚起实现中华民族伟大复兴中国梦的磅礴之力。

三　创新历史观教育的方法与手段

现代信息技术作为人类发展进步的重要成果，在新时代的各个领域都发挥了实质性作用。当前，现代信息技术被逐步运用到教育教学实践之中，教育者将现代信息技术与现代教育理论进行结合，在教学过程中运用现代技术手段加以辅助，设计开发新型学习资源，使教学更具实效。高校思政课建设也需要充分利用现代信息技术，对思想政治理论课不断创新，提高落实立德树人根本任务的能力。"推动思想政治工作传统优势同信息技术高度融合，增强时代感和吸引力。"① 开展大学生马克思主义历史观教育，需要运用现代技术手段进行课程的辅助教学，教育者不仅要把现代技

---

① 《习近平谈治国理政》第 2 卷，外文出版社，2017，第 378 页。

术手段与马克思主义历史观教育教学形式进行结合，而且要将现代技术手段与教学系统内各要素进行全面整合，借助现代技术手段促进大学生学习方式的转变和学习效率的提升。

虚拟仿真技术是新时代创新思想政治理论课堂教学方法的重要手段之一，将虚拟仿真技术应用于大学生马克思主义历史观教育课堂，能够创设真实的教学情境，激发学习兴趣。虚拟仿真是以仿真的方式创造出一个三维虚拟世界，并通过辅助传感设备，为使用者提供一个观测与该虚拟世界交互的三维界面，使用者可直接探索仿真对象在所处环境中的作用与变化。虚拟仿真技术整合了文字、图像、声音、视频、动画等素材，是大学生马克思主义历史观教育课堂的有力载体。教育者在课堂中应用虚拟仿真技术，可以突破历史时间、空间、地域的限制，使课堂更加鲜活、生动，充满趣味。大学生可以通过 VR 眼镜进入 VR 教学体验实训课程，直接与所处场景中的人物及事物进行互动。例如，在课程中可以将我国某一阶段的历史场景进行再现，让大学生以类似穿越时空的方式体悟这段历史，从而更加直观、真切地感受我国的发展历程；或者在 VR 课程中设置一些真实的历史人物，让大学生通过操作虚拟人物参与历史事件，亲身体验成为历史人物的感觉，为大学生营造一种身临其境的氛围。相较文字表述而言，立体的画面与全景音频更具冲击力和感染力，能够提升大学生的学习沉浸感，最大程度地激发其学习兴趣。

人工智能技术也被普遍应用于思想政治理论课堂之中，是提高思想政治工作效率、创新思想政治理论课教育教学的有效手段。运用人工智能技术进行大学生马克思主义历史观教育，能够使教学方案得到完善并提升教学质量。人工智能是通过计算机程序来呈现人类智能的技术，通过大数据，并运用深度学习和算法形成自主感知、认知和决策的能力，从而完成规定的任务，是对人的思维和意识的仿真模拟。随着时代的发展，人工智能成为当前世界的前沿技术，被应用于多个学科领域之中，其自动化、智能化的特性提高了人们的劳动效率，也推动了人们思维的革新和社会的进步。新时代，教育者可以运用不断发展的人工智能，构建精准思政和智慧思政平台。开展大学生马克思主义历史观教育，也可以运用人工智能技术，使课程教学得到进一步完善。教育者可以运用人工智能收集、分析大学生的思维特点和学习习惯，并以大数据为基础构建数据知识库，多维度探索其思想动态，从而生成个性化的教育方案，为大学生推荐最适合的学习内容。教育者也可以通过大数据获得课堂上的难点反馈，便于第一时间调整授课内容的重难点设置、改变教学策略，采用更适宜的方法进行课程讲授。

多媒体技术是当前思想政治理论课辅助教学的主要手段，利用多媒体设备及其相应资源将教师"教"与学生"学"融为一体。在实际教学过程中多媒体技术发挥了诸多积极作用。在大学生马克思主义历史观教育课堂上科学运用多媒体技术，能够有效突破教学难点，强化大学生的历史感知。多媒体课件将图像、文字、声音、动画等多媒体资源进行有机组合，使教材中比较抽象或复杂的内容具体化、生动化，教育者在讲授过程中能够避免过多的说理，从而进行充分的实际论证，在吸引大学生兴趣的同时使教学化难为易。多媒体技术突破了马克思主义历史观教育教材的限制，用各种相关资料来丰富课堂教学内容，能够在更短时间内展示给大学生更多的历史观教育信息。教育者可以联系时下热点，随时对多媒体课件加以丰富更新，这弥补了教材的不足，使大学生的历史思维更加开阔。教育者要充分发挥多媒体技术的优势，将多媒体技术与传统教学模式有机结合，既有效归纳重点难点，指导大学生阅读学习，便于记忆相关知识点，又以多彩的画面、多样的形式，调动大学生学习兴趣。

此外，网络技术也是思想政治理论课辅助教学不可或缺的技术手段。当代大学生成长于网络飞速发展的环境下，通过网络进行认知活动与交往行为，其课余活动得到了极大丰富。运用网络技术手段开展教育，能够有效加深大学生对于学习内容的印象。教育者需要熟练运用网络技术，合理利用微信、微博等网络工具发布大学生马克思主义历史观教育的信息，并增设大学生喜欢的栏目，培养其学习兴趣，实现碎片化教学。运用网络技术开展相关教学，一是要注意提高大学生的参与度，大学生对网络 App 发布的信息兴趣比较浓厚，接受度比较高，教育者要充分利用网络平台，发布更加集中、更加生动有趣的学习内容，这有利于充分发挥受教育者的主体作用，培养其主体参与意识，锻炼其自主学习能力，使大学生在自主学习、思考中加深印象，促进其对历史的记忆。二是要注意师生互动，例如，教育者在网络教学过程中，可以有针对性地提出问题，使大学生保持精力集中的同时加深其对历史观教育知识点的印象；利用网络工具提供的多种互动方式和交流手段进行师生之间的互动，随时随地进行教与学的沟通与交流，突破时间与空间的局限。

第二节　充分推进课程思政建设

进入新时代，"课程思政"通过充分开发各类课程的思想政治教育资源，建立了有机统一的课程体系，使课堂教学的主渠道得以充分利用，极大提升了思想政治教育的实效。教育部于 2020 年 5 月印发的《高等学校课程思政建设指导纲要》对于全面推进课程思政建设，落实立德树人根本任务提出了要求，指出各高校必须明确课程思政建设目标要求和内容重点，做到将课程思政融入课堂教学建设全过程。唯物史观是推进课程思政建设的科学世界观和方法论，我们要坚持以唯物史观为指导，结合理论与实践，贯通历史和现实，高质量全面推进课程思政建设。强化大学生马克思主义历史观教育，也要全方位推进课程思政体系化、规范化、常态化，使哲学社会科学课程、文学艺术类课程、理工农医类课程与马克思主义历史观教育同向同行，形成全方位、多角度协同效应，增强教育实效。

一　哲学社会科学课程要始终贯彻马克思主义立场观点方法

哲学社会科学研究社会现象和人类社会发展。高校哲学社会科学课程是知识体系和价值体系的有机统一，在对大学生开展知识教育的同时，也要对其进行思想教育。习近平总书记指出："高校哲学社会科学有重要的育人功能，要面向全体学生，帮助学生形成正确的世界观、人生观、价值观，提高道德修养和精神境界，养成科学思维习惯，促进身心和人格健康发展。"① 由于绝大多数哲学社会科学课程都具备鲜明的意识形态属性，对大学生马克思主义理论教育和思想政治教育起着呼应作用，思想政治理论课也要从哲学社会科学中汲取营养，以实现协同育人。高校哲学社会科学课程通过传授学生知识技能，使学生掌握专业知识，提升其专业技能水平；通过潜移默化地进行主流意识形态教育，以正确政治思想为引导，培养学生的理想信念与道德情操。除了思想政治理论课主渠道之外，高校哲学社会科学课程也是开展马克思主义历史观教育的重要渠道。高校要将马克思主义历史观教育与哲学社会科学相关专业课程有机结合，使二者在思想政治教育方面相辅相成、相互促进，通过哲学社会科学课程将与马克思主义历史观教育相关联的知识传递给大学生，使大学生学习马克思主义立场观点和方法，把马克思主义历史观与自身的专业知识结合起来。

第一，哲学社会科学课程教学要始终坚持以马克思主义历史观为指导。开展马克思主义历史观教育，能够使大学生学会运用马克思主义立场观点方法去发现、分析、解决其他哲学社会科学课程中的实际问题。因而，教育者要注重以马克思主义历史观为指导贯彻教书育人的原则，这能够起到潜移默化的思想政治教育作用，从而培养大学生形成正确思想观点，帮助大学生更好地学习哲学社会科学课程。教师可以在哲学社会科学课程教学的各个环节中，通过一定的教学载体有目的地进行教学内容的拓展，将哲学社会科学知识与思想政治教育结合起来，在教学过程中，要始终坚持正确的政治方向。只有当教师自身真正信仰马克思主义，深入理解马克思主义历史观，才能有效地开展教育。因此，哲学社会科学课程的教师必须坚守马克思主义在哲学社会科学领域的指导地位，明确自身的政治立场，加强马克思主义历史观相关知识的学习，提高大学生的思想政治素质，做到以坚定的政治立场承担育人使命，引导学生自觉培育和践行马克思主义历史观。马克思主义哲学揭示了历史运动的本质与规律，使人类对

---

① 《习近平谈治国理政》第 2 卷，外文出版社，2017，第 345 页。

纷繁复杂的历史现象有了规律性的认识与把握，同时也为思想政治教育提供了世界观与方法论，将哲学知识与思想政治教育结合起来，能够帮助大学生更加深刻地理解马克思主义基本原理，塑造大学生正确的世界观、历史观、人生观与价值观。思想政治教育具有一定的社会性，教师将社会学的基本理论与思想政治教育结合，有利于在阶层分化、价值取向多元的当代社会，引导大学生树立并践行社会主义核心价值观，促进其全面发展。

第二，深度开发哲学社会科学课程中的马克思主义历史观教育资源，充分发挥两者协同作用。哲学社会科学课程的教学可以为开展马克思主义历史观教育提供必要的学科支撑以及学术资源，使马克思主义历史观教育在哲学社会科学课程中得到深化。教育者应当找到马克思主义历史观教育与哲学社会科学课程相互配合、促进的结合点并加以充分运用。马克思主义历史观教育的目标是通过对大学生进行系统的历史唯物主义基本原理教育以及史实教育，使大学生认清历史的主题主线、主流本质，明确历史发展的必然性，并引导大学生运用正确的历史观对国内外形势、重大事件进行分析研判，而哲学社会科学课程也直接或间接地起着同样的教育作用。作为教师，要抓住哲学社会科学各门课程的专业特点，寻找哲学社会科学课程教学内容中的马克思主义历史观教育资源，对其进行深度开发。教师要充分设计课程内容，丰富教学维度，将马克思主义历史观教育元素融入哲学社会科学课程的授课计划之中；也要明确课程目标，在坚持立德树人的基础上，挖掘专业知识所蕴藏的人文精神与科学精神，激活各类课程的价值属性。例如，在哲学课程中，教师要教育学生掌握历史唯物主义原理和方法论，学会用历史唯物主义的立场、观点和方法看待问题，坚持以历史唯物主义的研究方法为基本原则对实际问题进行分析，如抓住生产力与生产关系的矛盾运动规律对经济社会的运行规律进行分析；等等。在政治学课程中，教师通过对党史的讲授，教育学生正确认识中国共产党，树立正确党史观；或者通过对政治制度史的讲授，比较古代中西政治制度之间的关联与差异，使学生从更加理性的角度去反观历史，明确制度之间存在异同的根本，从而启迪学生为促进我国政治制度的发展贡献力量。在伦理学课程中，教师可以讲授伦理思想演进与社会道德生活特别是经济生活变迁之间的历史关联，并以唯物史观为指导，科学揭示人类道德生活和伦理思想的发展规律，教育学生把握个人与社会的关系、个体与整体的关系。在历史学课程中，教师要通过对中国史、世界史的讲授，向学生传授史实，同时培养学生的历史解释能力，教育学生从唯物史观的角度审视历史，分析历史事物，无论是时空观念还是历史解释能力等，基本核心素养的培育都必须坚持唯物史观的理论指导和方法引领。在法学课程中，教师讲授法律发展历程的同时，要运用唯物史观讲清法律发展程度与生产力发展水平的联系以及法律与社会的关系，教育学生科学分析中国特色社会主义法治体系的形成，明确中国特色社会主义法治体系逐渐完善的过程。

第三，建立健全马克思主义历史观教育与哲学社会科学课程的学习和交流机制。我们要将马克思主义历史观教育贯穿于哲学社会科学课程之中，还应建立健全二者之间的学习、交流机制，使开展马克思主义历史观教育的教师与哲学社会科学各门课程的教师实现学科之间的交流，方便学习资源的共享，更好地形成教书育人的合力。高校要积极搭建学术沟通交流平台，拓宽双方教师的协作渠道。不同学科的教师可以立足于各学科视角，发挥各自的学科优势，围绕掌握和运用马克思主义的立场、观点和方法进行交流研讨，使自身的专业能力和教学水平得到提升。同时，这有利于双方教师发掘马克思主义历史观教育与哲学社会科学课程之间的相互配合、促进的方式和途径，保证马克思主义历史观教育在哲学社会科学课程中得到充分贯彻落实。只有建立常态化的交流、研讨历史观教育与哲学社会科学教育问题的相关机制，才能方便教师之间开展学术沟通与教学的良性互动，才有利于将马克思主义历史观教育课程和哲学社会科学课程融会贯通。教育者应当做到全面统筹规划，使哲学社会科学课程与马克思主义历史观教育之间形成思想理论观点一致、理论层次相互衔接递进、内容相互配合呼应的局面，从而提高马克思主义历史观教育的实效性和水平。

二　文学艺术类课程要塑造正确的价值导向

文学艺术起源于人类的生产劳动，是人类实践活动的一种形式。文学艺术既来源于社会生活，又作用于社会生活，是一个民族精神文明的重要组成部分，对于教育和改造人民群众、推动历史前进起着重要作用。当前，网络中出现了一些娱乐化、庸俗化历史人物和历史事件的"文艺作品"。这些"文艺作品"把严肃庄重的历史事实"恶搞"为低俗文化，对人民群众的历史认知产生严重误导。对于大学生而言，文学艺术课程不仅要向大学生传授文学艺术方面的知识，更重要的是要培育大学生良好的思想品德，陶冶其情操、增进其智慧，提升其精神追求。开展大学生马克思主义历史观教育，要充分发挥文学艺术教育的育人功能，通过艺术表现形式引导大学生树立正确的价值导向。

第一，以文学艺术类课程传递正确的历史观。自党的十八大以来，我国的文艺繁荣发展，但与此同时一些文艺作品存在历史虚无主义、价值观缺失等问题，对社会造成了负面的影响。对于当代大学生而言，在各种文化潮流交织、价值观取向多元化的今天，具备正确的历史观，有利于提高自身的审美水平，从而鉴别良莠不齐的文艺作品，形成正确的价值观。因而，高校要通过文学艺术类课程，向大学生传递正确的历史观。文学艺术类课程的教师要从专业出发，引领大学生树立文艺方面的价值观导向。一是将思想政治教育融入文学艺术类课程教学之中，对学生进行思想上的引导，强调文学艺术作品必须建立在客观历史基础之上，必须以满足人民的精神需求为目的，教育大学生防范抵制历史虚无主义错误思潮与不良价值观，使大学生通过理性认知将马克思主义历史观内化为价值认同。二是在文学艺术类课程教学过程中，引入符合时代特色和主旋律文艺作品，表达积极向上的格调与强烈的精神追求，通过对文艺作品的赏析，传播主流意识形态，提升大学生审美能力，培养大学生理性思辨的基本素质。例如，"四大名著"作为中华优秀传统文化的杰出代表，蕴含中国的历史文化、社会风尚、思维方式以及价值观等，也蕴含着中国传统政治文化的案例，具有跨越时空、历久弥新的思想价值。教师带领学生对四大名著进行学习，使其掌握中华优秀传统文化的思想精华，有利于其正确历史观、人生观、价值观的树立。

第二，通过文学艺术类课程呈现真实的历史。文学和艺术以独特的方式记录了历史，反映了社会生活。不同历史时期的文艺作品表现了政治的演进、经济的发展以及人们对物质和精神文化的需求程度。因而，教师可以借助文学艺术类课程，通过向学生展现不同时期的文学艺术呈现历史，让学生了解真实的历史，从而树立正确的历史观。教师可以在文学艺术类课程的课堂上，带领大学生从古代、近代文艺作品中挖掘、归纳、分类出有价值的信息，感受时代的变迁，认识不同时期的历史，并从文学艺术的角度给予历史更加详细的解释。教师可以在课堂中鉴赏古代的绘画或者书法作品，使大学生直观地感受到不同时代的历史风貌，令枯燥的历史变得形象生动；也可以选取中外不同时期的文学、影视作品加以解读，以文证史，使大学生加深对历史的认知和理解。例如大型音乐舞蹈史诗《东方红》表现了中国共产党成立后，中国人民在中国共产党领导下所进行的反帝、反封建、反官僚主义的艰苦卓绝的革命斗争，是大学生学习党史的一份重要学习材料。重大革命历史题材电视剧《觉醒年代》，讲述了"五四"新文化运动时期的革命伟人李大钊、陈独秀的传奇故事，真实生动地展示了从新文化运动到中国共产党建立这段时期的光辉历史。教师通过对这些文学影视作品进行解读，使大学生从中感受艰辛探索社会主义道路的过程，更好地从党史中汲取力量，坚定人生信仰，焕发斗争精神。

第三，通过文学艺术类课程传承红色基因。文学艺术类课程是高校重要的人文素质教育课程，对于大学生的成长以及其综合素质的提高具有非常重要的意义。我国学生受到高考模式、教育观念等方面的影响，在步入大学之前接触的文学艺术类课程较少，对于高校文学艺术类课程兴趣相对比较浓厚。开展大学生马克思主义历史观教育，应当基于大学生的兴趣爱好，在文学艺术类课程中传承红色基因，帮助大学生在学好文艺知识的同时，提升自己的历史修养，实现马克思主义历史观教育与文学艺术专业教育的并进。以党史学习教育为例，教师可以用文艺党课的形式进行党史学习教育，使大学生在获取文学艺术专业知识、陶冶情操的同时，接受马克思主义历史观教育。一是在文艺党课中用好红色资源。教师可以将优秀文学与艺术作品作为党课的主要内容，把优秀作品中展现的历史背景、革命精神传递给大学生，助其树立正确的政治立场与历史观。二是以艺术化的表达为文艺党课的主要形式。通过音乐、舞蹈、戏剧、书画、摄影等富于感染力的艺术形式，展示党的故事、党的历史，讲述党的理论，使文艺形式特有的美感、作品中蕴含的丰富红色元素成为马克思主义历史观教育的优秀载体。将理论灌输式的党史学习教育与生动形象的文学艺术作品结合起来的方式，更易于为大学生所接受。因而，通过文艺形式开展历史观教育，能够使文学艺术类课程呈现出更加鲜明的情境效果，充分发挥其育人功能。例如经典革命小说《红岩》讲述中国革命在取得胜利的历史关头，国民党反动派垂死挣扎，许云峰、齐晓轩、江雪琴等共产党人在狱中顽强抵抗，英勇战斗，最后泰然自若慷慨赴死，充分显示了共产党人对共产主义至死不渝的坚定信仰与大无畏英雄气概。教师通过解读红色作品，能够增强大学生的历史责任感和使命感，激发大学生对革命先烈的崇敬之情与奋进力量。

　　第四，以文学艺术类课程弘扬主旋律。文学艺术类课程不仅仅培养大学生的审美能力，使大学生对文艺作品进行接受、理解与把握，还引导大学生尤其是艺术专业学生更好地进行文艺创作和设计，提升其综合文化素质。教师要将马克思主义历史观教育融入文学艺术类课程之中，通过文学艺术类课程传递中国精神、弘扬主旋律，使大学生认识到自己担负的历史使命与时代责任，努力创作出弘扬正气、积极向上的文艺作品。一是引导大学生从革命历史中发掘素材进行文艺创作。教师应当让主流文学艺术作品进入文学艺术类课程之中，从历史的艺术观照中对大学生进行感染、教育与激励，引导大学生把历史史实与艺术思维进行有机结合，将历史以艺术的形式展现给受众，从而创作出具有教育意义、富有内涵的作品。二是教育大学生要始终坚持以人民为主体进行文艺创作。历史唯物主义指出，人民群众是历史的创造者。人民群众"既是历史的'剧中人'，也是历史的'剧作者'"①。文艺作品脱离了人民，就

---

　　① 习近平：《在文艺工作座谈会上的讲话》，《人民日报》2015年10月15日，第2版。

成为无源之水，无根之萍。文学艺术类课程要强调人民在文艺作品中的重要地位，教育大学生始终以人民为主体，创作人民喜闻乐见的优秀作品，彰显民族精神与时代精神。

三　理工农医课程要促进大学生的全面发展

一段时间以来，由于我国各大学实行文理分科制度，理工农医等学科专业的历史观教育相对缺乏。在当前文化交流互动的背景下，马克思主义历史观教育已经超越了学科本身的范围，具有文化传承以及国家认同意义上的重要作用。开展大学生马克思主义历史观教育，也要注意挖掘、探索理工农医类课程中的相关教育内容，使理工农医类课程与思想政治理论课发挥协同育人的作用，提高大学生的综合素质，促进其全面发展。

理学作为研究物质世界基本规律的科学，是人类发展当中认识自然，改造自然所形成的认识，包括数学、物理学、化学等多个学科类别。开展大学生马克思主义历史观教育，要善于挖掘理学课程中的相关内容。教师可以通过"数学发展史""物理学发展史""化学发展史"等课程，向学生讲授中华人民共和国成立以来这些学科的发展历程，使大学生透过历史变迁看到我们中华人民共和国取得的科技成就。科学技术是推动现代生产力发展的重要力量，而科技发展进步离不开科学家们作出的巨大贡献。教师在讲授科学技术发展历程的同时，要教育大学生学习老一辈科学家的光荣事迹，弘扬科学家艰苦卓绝的奋斗精神、创新精神与奉献精神，从而坚定自身的理想信念。

工学推动了经济建设与工程技术领域的发展。推动大国经济发展离不开大国制造，如今，我国正从制造大国迈向制造强国，只有形成自主创新的强大合力，培育一丝不苟、精益求精的工匠精神，才能使大国重器的研发和制造占据领先地位。教师在课程教学中，要挖掘工学课程中的马克思主义历史观教育内容，通过讲授我国工业、重工业、制造业的发展历程，反映我国社会的发展变迁，使大学生了解我国取得的伟大成就，从而坚持中国特色社会主义道路，继续传承、发扬工匠精神。

农学是研究农业发展的自然规律和经济规律的学科。21 世纪以来，中国农业已由传统农业进入了现代农业阶段，许多农业生产问题的解决，要求多学科、多专业的配合。教师在教学过程中，可以将马克思主义历史观教育内容与农学知识相结合。例如，通过研究马克思关于人类社会发展形态的内容，明确地理环境与社会发展的关系；通过教授中国农业发展史、中国农业思想史等历史内容，使大学生了解中国古代农业起源、思想；通过讲授中国农业由传统向现代的转变，学习运用现代科学技术成果、管理手段建立生态农业，分析未来中国如何实现从农业大国向农业强国的转变，为发展创新型农业贡献力量，推进乡村振兴战略实施。

中医药学历史悠久，是中华优秀传统文化的重要组成部分，蕴含了丰富的哲学思想与人文精神。教师在课程教学中，要注意对中医药学历史的讲授以及传统文化的传播。例如，挖掘扁鹊、孙思邈、李时珍等著名历史人物的优良品德，使大学生将其精神内化于心，从而树立文化自信、民族自信；通过讲授中医药学的起源、理论创立及发展历史，使大学生从中医药学的历史学习中总结历史经验，促进中医药学不断发展进步和继续创新。

第三节　开展实践活动丰富教育形式

在开展大学生马克思主义历史观教育教学的过程中，教育者不但要通过课堂教学强化教育，还要利用好现代网络信息平台，并开展相关的实践活动将革命精神、红色基因融入教育之中，丰富马克思主义历史观教育形式。只有将马克思主义历史观教育渗透到大学生日常学习生活的方方面面，才能切实增强马克思主义历史观教育的效能。

一　开展校园文化活动宣传正确历史观

校园文化活动以校园内多种多样的课余活动为主要载体，是高校开展精神文明建设的重要途径，也是高校开展思想政治教育工作的有效手段。

开展多层次、高质量、具有教育意义的校园文艺活动，并鼓励学生积极参与，能够从多方面培养大学生的兴趣，提升大学生的综合素质，使其自觉接受思想政治教育，从而促进其全面发展。开展马克思主义历史观教育，不能只停留在书本知识的讲授上，还应当通过丰富多彩的校园文化活动，向大学生宣传正确的历史观，通过营造积极的校园氛围，让大学生潜移默化地受到熏陶教育，使其建立起历史认同感与使命感。

第一，丰富校园文化活动的内容。人们在历史发展与社会变迁过程中创造、发掘出来的优秀历史文化，展现了独特的历史魅力和独有的文化内涵，具有深远的教育意义。习近平总书记强调："做新时代中华优秀传统文化的继承者、传播者、创新者。"① 我们可以将优秀历史文化有机融入校园文化活动之中，让大学生了解我国历史文化资源的深厚底蕴。首先要对优秀历史文化的具体内容进行正面宣传，确定校园文化活动的主题。一是大力宣传中华优秀传统文化。中华优秀传统文化源远流长，博大精深，历经几千年，在政治、经济、军事等方面均得到彰显，蕴含了丰富的思想观念、人文精神与道德规范，亟待后人薪火相传。开展以弘扬中华优秀传统文化为主题的校园活动，加深大学生对中华优秀传统文化的了解，使大学生成为中华优秀传统文化的忠实传承者和弘扬者。二是充分挖掘革命历史和红色文化资源，大力宣传革命、建设、改革过程中形成的中国精神，如伟大建党精神、红船精神、井冈山精神、长征精神、延安精神、西柏坡精神、铁人精神、焦裕禄精神、大庆精神等。革命精神体现了中国共产党人对优秀历史文化的继承和发扬，体现了中国共产党人创造先进文化的政治诉求。我们要通过发扬革命先辈的精神，使大学生受到激励，为实现中华民族伟大复兴提供巨大精神动力。三是充分宣传地方优秀历史文化。中华民族历史悠久，形成了形态完备、内容丰富的地方优秀历史文化。当前，很多大学生对不同地区甚至当地的历史文化资源都知之甚少，教育者可以通过校园文化活动，对优秀的文化传统、名胜古迹、风土习俗、革命遗址

---

① 《走出中国特色的文物保护利用之路（总书记和我握过手）》，《人民日报》2022 年 1 月 24 日，第 1 版。

等历史文化资源进行宣传，使大学生了解不同地域历史文化资源的鲜明特色，感知历史文化的魅力，增强大学生的历史文化底蕴，提高其知识应用技能水平。

第二，创新校园文化活动的形式。当前高校大学生热衷于关注新鲜事物，传统的校园文化活动形式往往不够新颖，缺乏吸引力，不能得到大学生的积极响应；有的校园文化活动是学校单纯为了完成举办校园文化活动的任务而举办的，缺乏一定的思想内涵，没有充分发挥活动的作用，也无法得到大学生的广泛参与。相较传统的校园文化活动而言，只有不断创新活动的形式，才能吸引大学生的关注，提高其参与度。把马克思主义历史观教育与校园文化活动相结合，更要在形式上进行创新，打造具有特色的文化活动，这样才能吸引更多大学生踊跃参与，让学生在自主探寻中构建对正确历史的认知，实现"寓教于乐"。创新校园文化活动的形式，要实现思想性与艺术性并重，使活动具备深度与内涵。例如，高校可以策划举办合唱、朗诵、辩论、话剧表演等特色活动，展现革命历史事件与人物形象，传递革命先辈艰苦奋斗、不怕牺牲、无私奉献、敢为人先的高尚革命精神，营造浓厚的红色校园文化氛围。高校也可以在党团建设中，以党课团课、主题班会、座谈会等为平台，设置革命传统教育的阵地，对大学生进行历史观教育。

第三，建设校园文化活动的保障机制。只有建立并完善校园文化活动的保障机制，才能保障校园文化活动的顺利开展。一是要明确校园文化活动的指导思想与开展目标，完善校园文化活动的机制设计。教育者要始终以马克思主义为指导思想，以促进马克思主义历史观教育为目标，开展以革命精神教育为内核，以教育大学生树立马克思主义历史观、提升其综合素质为内容的校园文化活动；要以科学严谨的态度做好规划设计，将相关校园文化活动纳入学校议事日程，加强校园文化活动的系统性和整体性，并注重大学生主观能动性的发挥，使校园文化活动与马克思主义历史观课堂教育实现协调发展。二是要对校园文化活动参与情况进行过程评估和效果评估。高校要保证校园文化活动的顺利开展，也要关注活动效果，保证校园文化与思想政治教育工作协同。高校要建立起历史观教育客观公正科学的考核评价机制，加强大学生参与相关校园文化活动的过程评估和效果评估，考察大学生的参与度以及活动过程中的表现，关注大学生参与后的收获情况，依据撰写论文、调查报告等形式评估大学生的学习程度，并将考核评价结果纳入马克思主义历史观教育测评之中。

二 运用网络平台讲好中国历史故事

随着互联网的迅速发展，网络平台逐渐成为影响人民群众价值观及价值判断的重要场所。高校大学生作为网络的主要活跃群体，习惯于通过网络获取知识、交流情感、了解社会，因而，网络平台在新时代高校大学生思想政治教育中起到了重要作用。习近平总书记指出，"要向全世界讲好中国历史故事"①，让世界了解中国历史与中华民族精神。教育者要充分发挥"互联网+思政"的育人功能，发挥网络平台的作用，在教学中讲好中国历史故事。

第一，运用网络平台宣传中国历史故事。讲好中国历史故事，必须用好网络平台这一载体。网络平台具有开放、包容、参与、互动的传播特点与先进的技术优势，教育者要创新传播方式，充分利用网络平台的优势特点，对中国历史故事进行广泛宣传，让网络平台成为讲好中国历史故事的"扩音器"。在教学过程中，教育者可以积极运用新媒体向大学生推荐具有信服力的中国历史研究成果和中国历史故事资源，如相关视频网站的历史纪录片，或者网络 App，帮助大学生树立民族自豪感与历史认同感。例如大型历史文献纪录片《信仰——我们的故事》在各大电视台和网站宣传并相继播出，片中重现了我国革命、建设、改革各个历史时期优秀共产党员的感人事迹，阐释了中国共产党人的奋斗目标与历史责任，引发群众热烈反响。为加强党建，中宣部推出了"学习强国"App，挖掘了我国不同时期、不同地区的历史故事，用引人入胜的情节、生动鲜活的语言解读无产

---

① 习近平：《建设中国特色中国风格中国气派的考古学 更好认识源远流长博大精深的中华文明》，《求是》2020 年第 23 期。

阶级革命家的光辉事迹，大学生可以通过观看平台短视频、阅读相关文章资料进行学习与分享，从中汲取正能量。

第二，运用网络平台开展课堂教学。先进的教育手段、教学技术与平台是教育取得良好效果的关键因素。在互联网尚未普及的时期，传统教学只能运用以课堂、黑板、书本为主的单一教学手段，教师只能依赖多年不变的教材及有限的参考资料向学生讲述中国历史故事，这不可避免地导致学生获取的历史知识的广度和深度不足，师生缺乏获取前沿知识的途径，也不利于学以致用。近年来，网络技术在教育领域的逐渐应用与普及使教育资源的来源与丰富程度有了本质的提高。开展大学生马克思主义历史观教育，教师可以采取短小精悍的"微课""慕课"等形式，拍摄并制作系列短视频、微电影对中国历史故事进行诠释，并借助网络平台公开发布。在讲述中国历史故事时，要贴近大学生的思想实际和生活实际。马克思主义历史观教育的知识具有严谨性和抽象性，但大学生往往具有更加具体、生动的理论需求。因而，故事内容要避免脱离社会现实和大学生的阶段状况，避免一味堆砌理论，要尽量增强故事的趣味性与情境性，将教育道理寓于其中，使大学生受到感染，随着故事情节深入逐渐接受其中的价值理念。同时要做到实事求是。中国历史故事是马克思主义历史观教育的鲜活的教科书，教育者要选择具有教育意义的中国历史故事，邀请权威专家详细解读我国优秀历史文化，始终坚持实事求是的原则，依照历史的本来面目进行还原，把历史的真相和重要启示寓于讲授的内容中，避免受到历史虚无主义思潮的影响。

第三，运用网络平台进行互动交流。网络具有交互性，开展大学生马克思主义历史观教育，可以运用网络平台使教师与学生进行广泛交流，相互交流心得体会而取长补短，有利于学生系统学习、掌握课程知识。大学生在课堂教学之外依然能够接受教育，这也拓宽了马克思主义历史观教育的视野。对于教师而言，通过网络平台讲好中国历史故事是一项系统工作，需要进行更加系统的管理，着力整合各方资源，打造适合大学生学习的网上学习阵地与交流阵地。一是以科学性与艺术性并重，打造历史学习平台。网上学习的方式为大学生打开了一个新的学习天地，使大学生能够打破时空限制，随时随地在线参加学习。教育者要充分发掘相关信息资料，建立起内容丰富多彩、形式独特而富有新意的主流网站，营造学习氛围。例如，将历史遗迹以网上陈列馆的形式全面展现给学生；为杰出的历史人物、英雄模范建设网上纪念馆；充分利用现代网络技术和多媒体技术，打造网上"历史故事长廊"，以镜像的形式把相关资源融入其中，使其突破时空的限制，最大限度发挥教育作用。二是以互动性与建设性并重，打造中国历史故事交流平台。搭建网上历史故事学习交流阵地，要吸引大学生参与到学习中，也要重视教师和学生之间的及时沟通互动，确保大学生的学习效果。教育者要通过网络平台设置有效的线上师生交流方式，方便教师与学生、学生与学生之间实现线上的交流互动。大学生可以通过网络平台向教师提出学习问题，也可以就学习内容进行交流，达到相互学习、共同提高的目的。教师也可以通过平台答疑解惑，并关注学生们的学习情况，通过交流分享、动态管理等方式，真正实现"处处是课堂，时时受教育"，不断提升大学生的学习成效。

三　通过举办主题活动传承红色基因

中国共产党带领人民群众在长期革命实践中将马克思主义理论与中国具体实际相结合，形成了极具特色的红色文化。红色江山来之不易，青年一代要通过对红色记忆的追寻，缅怀那段艰苦卓绝的革命历史，凝聚红色力量，传承红色基因。红色资源是红色革命历史的沉淀，在开展马克思主义历史观教育过程中，高校要充分利用红色文化资源，将历史的课堂学习与课堂实践有机结合，让大学生在参与红色主题活动的过程中，潜移默化地接受马克思主义历史观教育，使红色基因在大学生群体中得到传承和发扬，"让红色基因、革命薪火代代相传"。①

第一，提升大学生的思想道德修养。红色资源是大学生坚定理想信念、加强党性修养的生动教材，开展大学生马克思主义历史观教育，要通

① 习近平：《在党史学习教育动员大会上的讲话》，人民出版社，2021，第26页。

过开展红色主题活动，教育大学生加强思想道德修养，更好地传承红色基因。高校可以充分利用红色教育资源，创新活动形式，举办具有特色的专题教育，强化大学生的心理认同，引起情感共鸣，使其进一步了解红色文化，厚植爱国主义情怀，在无形之中经受深刻的精神洗礼，这将对大学生的德行产生积极的影响。例如，以院系为单位，组织学生参观当地革命纪念馆、革命历史教育馆、烈士陵园、革命博物馆等红色教育基地，使其在现场浓厚的教育氛围中进行学习体验。通过品读无产阶级革命英雄的名言名句、聆听革命英雄的先进事迹、瞻仰革命烈士纪念碑等学习活动，追溯革命先辈的光辉足迹，深入了解革命人物和历史事件。教师也可以组织学生在红色教育基地共同唱响红歌，在重温红色记忆中，坚定大学生实现中华民族伟大复兴的自信心和自豪感，指引大学生了解党的光辉历程，提升党性修养，坚定理想信念，弘扬积极向上的正能量。高校还可以输送大学生至红色教育基地进行志愿服务，使其成为红色文化宣讲员，进一步提升自身的思想道德修养，让红色传统得以发扬，红色基因得以传承。

第二，树立大学生的文化自信。一个国家、一个民族必须以坚定的信心积极践行自身的文化，使其保持强大的生命力，唯如此才能坚定从容地向前发展。红色文化诞生于近代以来中国人民的伟大斗争中，蕴含了我国在革命、建设和改革过程中铸就的精神，是中国共产党人、先进分子和人民群众共同创造的中国特色社会主义文化，熔铸了中华民族革命斗争的历史，是中国革命事业的文化表征，也是文化自信的重要支撑。对于大学生而言，树立文化自信就是要使其充分了解并认同中国特色社会主义文化基因和文化价值，进而产生文化认同感、归属感。高校可以充分利用重大纪念日和志愿服务日的契机，将主题活动与红色文化相结合，树立大学生的文化自信。例如开展学雷锋活动，在学雷锋纪念日组织大学生走出校园，深入当地群众，开展学雷锋志愿服务活动，为困难群众提供帮助，通过身体力行地践行雷锋精神，使自身的思想和觉悟得到升华，从榜样中汲取力量，从而明确坚持传承和弘扬雷锋精神。在国家公祭日，开展"勿忘国耻、振兴中华"国家公祭日红色教育活动，带领大学生共同回顾抗日战争的历史，使大学生明确，如果丧失了文化自信，就丧失了民族自信，引导大学生铭记历史、勿忘国耻，珍惜当下生活，珍爱和平，热爱祖国，从而激励大学生把爱国之情报国之志融入人民创造历史的伟大奋斗中。

第三，培育大学生的艰苦奋斗精神。中华民族在几千年的发展历程中形成了优良的民族精神与崇高的民族气节，对人类文明的发展进步起到了积极的推动作用。艰苦奋斗精神是中华民族的传统美德与精神动力，是党和人民实现民族独立、建立和完善社会主义制度的强大精神力量。开展马克思主义历史观教育，我们要通过主题活动的开展，教育大学生了解革命前辈塑造、传承艰苦奋斗精神的光荣历史，明确新时代艰苦奋斗精神的重要作用，使大学生更加深刻地学习领会并继承发扬艰苦奋斗精神。高校图书馆可以举办阅读红色经典和红色图书展活动，引导大学生多读红色经典，通过阅读红色经典，体会艰苦奋斗精神的发展历程，以此培养大学生坚定不移的革命信念。红色艺术作品被赋予了深刻的教育功能，高校还可以通过举办红色音乐、美术作品赏析活动对大学生进行教育，使大学生在陶冶情操的同时感悟我国革命历史，继承和发扬无产阶级在革命斗争中形成的艰苦奋斗的优良作风，从而树立起坚定的理想信念，促进个人全面发展。例如，为了弘扬和传播焦裕禄精神，由郑州大学主办、郑州大学美术学院承办的"国家艺术基金传播交流推广项目——弘扬焦裕禄精神美术作品巡展"在全国不同的地区巡回展览，通过刻画红色经典人物的形象，展示了美术作品激励人、鼓舞人的时代功能，使艰苦奋斗、科学求实、迎难而上、无私奉献的时代精神得以发扬。

第五章

营造有利于大学生马克思主义
历史观教育的社会氛围

开展大学生马克思主义历史观教育，不但要充分构建高校教学途径，还要努力完善外部环境建设，切实优化马克思主义历史观教育的社会途径，形成对学校教育的有益补充，做到以学校教学为主导，以社会教育为依托。完善大学生马克思主义历史观教育的社会途径的举措有三点。一是从治理层面出发，为大学生马克思主义历史观教育构建法治环境；二是为大学生马克思主义历史观教育营造社会舆论氛围，使全社会形成良好风尚；三是立足国际视角，树立国家形象，坚定社会主义自信。只有将大学生马克思主义历史观教育扩展至全社会场域，实现学校教育与社会教育的有机结合、互相促进，才能共同营造大学生马克思主义历史观教育的良好教育环境，构建起全方位立体化的马克思主义历史观教育格局。

第一节 构建有利的法治环境

优化大学生马克思主义历史观教育的社会途径，首要的就是将历史观教育相关内容融入法律法规和政策制度之中，充分发挥其约束和规范作用，从治理层面为开展大学生马克思主义历史观教育提供有力保障。国家要着力加强对于红色资源的法律保护力度，健全网络历史虚无主义的治理机制，把正确认识、客观评价、科学研究历史，保护历史文物、英雄人物以及反对历史虚无主义纳入制度化、法治化轨道，从而形成大学生马克思主义历史观教育的法律保障与制度支撑。

一　强化对红色资源的法律保护力度

红色资源蕴含着中华民族和中国共产党人的历史进程与优良传统，承载了革命先辈们艰苦奋斗、无私奉献、敢为人先的革命精神，是对党领导人民夺取新民主主义革命与社会主义革命胜利这一历史的光荣见证，是中国人民和中华民族的宝贵财富。同时，红色资源也是最鲜活、最珍贵的党史教材，是开展大学生马克思主义历史观教育的重要载体。其中，革命遗迹是党史学习教育的"教室"，文物史料是党史学习教育的"教材"，历史英雄人物是党史学习教育的"教师"。我们要发挥红色资源的重要教育作用，就要强化对红色资源的法律保护力度，使其得到更好的保护与传承，充分发挥其教育功能，为大学生马克思主义历史观教育提供法律保障。

第一，完善革命文物的法律保护体系。推动革命文物保护法治化，促进红色资源的创造性传承是当前规范、引领社会主义文化体系建设的应有之义。我们要完善对革命文物的法律保护体系，一是要加快国家层面革命文物保护立法进程。2020年，国家文物局发布了《文物保护法（修订草案）》（征求意见稿）面向社会公开征求意见。当前，《中华人民共和国文物保护法》对文物的相关保护利用做出了解释和明确的定义划分，我们要以《中华人民共和国文物保护法》为依循，从国家层面对革命文物进行立法保护，重点破解体制机制缺失的问题，以法律的刚性约束对革命文物进行统筹保护规划，并建立完善红色文化资源保护利用机制。二是要使地方革命文物保护立法之间形成合力。只有将国家立法和地方立法有机结合，才能实现全国革命文物保护工作协同联动发展。随着各地方保护革命文物相关法律法规的陆续出台，各省市对不可移动革命文物、国有馆藏革命文物进行登记，精准实施革命文物保护利用工程，将保护革命文物上升到法律高度。我们要做到以国家相关法律法规为统筹，避免地方革命文物保护立法各自为政、相互协作不足的问题。要加大对县市级革命文物的保护力度，力求从整体上依法保护革命文物，合理利用红色资源。三是要以问题导向为基础，针对当前革命文物保护存在的问题制定相应的法律法规。例如，针对革命历史遗迹商业开发过度、利用不当的问题，要加强革命文物保护和商业开发之间的协调，进一步完善管理体制机制；针对红色历史遗迹缺乏修缮资金的问题，要在法规中明确要求设立革命文物保护专项资金，将文化遗存保护工作经费列入本级财政预算；针对红色历史文献老化破损，无法及时展开收集、整理与抢救工作的问题，要针对红色历史文献保护制定相关法律法规和技术规范；等等。

第二，完善对历史英雄人物的法律保护体系。英雄人物的光辉事迹与崇高精神是中华民族共同的历史记忆，是维护祖国统一和民族团结的纽带。近年来，历史虚无主义思潮甚嚣尘上，一些别有用心的人肆意歪曲历史人物，丑化诋毁英烈形象，在社会上产生了不良影响。历史不容戏说，英雄不容亵渎，篡改历史、诋毁英烈的不良行径不仅越过了社会的道德底线，更触碰了法律底线。为了全面加强对历史英雄人物的保护，2018 年 5月 1 日，我国出台了《中华人民共和国英雄烈士保护法》，明确指出"禁止歪曲、丑化、亵渎、否定英雄烈士事迹和精神"，表明国家捍卫英雄烈士的尊严与合法权益的鲜明价值导向。除此之外，2021 年 1 月 1 日起施行的《中华人民共和国民法典》明确规定，侵害英雄烈士等的姓名、肖像、名誉、荣誉，损害社会公共利益的，应当承担民事责任。2021 年 3 月 1 日起正式实施的《中华人民共和国刑法修正案（十一）》中，新增了侵害英雄烈士名誉、荣誉罪，将侮辱、诽谤或者以其他方式侵害英雄烈士的名誉、荣誉的行为正式入刑。只有完善法治体系，出台相关法律法规，才能使侵犯历史英雄人物的权益与尊严的错误言行受到及时警告和应有惩罚。我们要从法律层面筑牢历史英雄人物的保护防线，建立起全面保护历史英雄人物的法治体系。

第三，促进红色资源保护相关法律的实施。法律的权威性在于实施，制定并实施法律，是实现立法意图、体现法律价值的必由之路。加强对红色资源的法律保护，我们要在完善立法的基础上，更加有效地推进相关法律法规的贯彻实施。例如，为推进《中华人民共和国英雄烈士保护法》的贯彻实施，最高人民法院下发通知要求各级法院必须认真学习贯彻英雄烈士保护法，指出人民法院要依法审理涉及保护英雄烈士的刑事案件，认真按照法律规定，对构成犯罪者依法追究其刑事责任；要依法审理侵害英雄烈士姓名、肖像、名誉、荣誉的案件，依法审理涉及英雄烈士形象、事迹等商标权、著作权案件，并依法确定行为主体应当承担的民事责任。推进保护历史英雄人物法律法规的实施，需要高度重视和着力做好抓基层、打基础的工作。对于大学生群体而言，必须加强相关法律法规的宣传教育，使其增强保护红色资源的法治思维和法律意识。一方面，学好红色资源保护的法律法规。作为大学生，知法是权利义务，学法是必修课程，如果不懂法律、不学法律，就无法理性地看待问题，容易被社会上一些不良思潮蛊惑。另一方面，使大学生建立敬畏法律的意识。例如，一些大学生抱着娱乐的心态，在网络上"口无遮拦"，发布丑化英雄的图片、表情包，触碰了法律的底线却不自知；一些大学生出门在外缺乏文物保护意识，损坏文物却不以为意；还有一些大学生认为日常生活中有违道德的言论不会触碰法律，存在侥幸心理。教育者要根据大学生的特点与实际情况有针对性、有重点地深入开展教育活动，使其感悟、体会到保护红色资源的重要意义，明确何可为何不可为。只有创造良好的法治环境，才能切实推进红色资源保护相关法律的实施。

二　健全对历史虚无主义的网络治理机制

加强对马克思主义历史观教育相关内容的法律保护力度的同时，也要为马克思主义历史观教育提供相应的制度保障。当下，发达的网络助长了一些不良社会思潮的传播，新媒体已成为其传播的主要途径和载体。习近平总书记指出："决不能让互联网成为传播有害信息、造谣生事的平台。"① 历史虚无主义等不良社会思潮对大学生群体造成了负面影响，给大

---

① 《习近平谈治国理政》第 3 卷，外文出版社，2020，第 306 页。

学生马克思主义历史观教育增添了难度。我们要在完善相关法律法规的基础上，构建完整有效的保护监管体系，确保颁布的法律法规在得到有效监督的情况下落实，运用法律的力量对历史虚无主义行为进行惩罚，为马克思主义历史观教育的开展提供制度保障。因而，要从网络平台入手，坚守网络意识形态主阵地，加大新媒体监管与治理力度，构建政府主导、社会协同、公众参与的综合治理机制，塑造风清气正的网络空间，筑牢抵制历史虚无主义的坚固防线。

第一，通过建立网络意识形态工作责任制把握网络意识形态工作的领导权、话语权。必须履行好意识形态工作责任制，强化各级党委主体责任，各级党委要切实负起政治责任和领导责任，加强阵地建设和管理。一是贯彻中央关于意识形态工作的决策部署，加强对意识形态领域情况的分析研判，守好意识形态阵地，坚决抵制错误思潮。网络逐渐成为各种思潮争夺意识形态领域的主阵地，抵制互联网空间的历史虚无主义传播，很大程度上取决于对网络意识形态工作的领导权和话语权的掌握情况。有关部门应当认真贯彻中央落实网络意识形态工作的重要决策部署，始终把握正确的政治方向，坚决维护党中央权威，牢牢掌握网络意识形态工作领导权。二是制定网络意识形态工作原则，将网络意识形态工作与网络治理相结合。有关部门要按照分级负责原则，确定网络意识形态工作责任人，对职责范围内的网络意识形态工作负责任。三是建立网络意识形态责任追究机制，强化监督检查，尽力打造一支思想硬、作风好、技术强的网络意识形态工作队伍。建立网络意识形态工作责任制，也要积极发挥主流媒体作用，把控主流价值观的导向，坚守网络意识形态领域阵地，把握网络意识形态工作的话语权。必须创新主流意识形态传播手段，增强对历史虚无主义的抵制能力。在传播形式上，充分运用新技术、新应用，创新主流意识形态传播形式，例如采取短视频、直播、漫画等大众喜闻乐见、易于接受的新媒体技术手段，增强信息的有趣性和可读性。在传播内容上，对热点问题、敏感问题及时进行追踪，积极给予回应，对歪曲历史的言论及时澄清、坚决反击，在网络平台弘扬主旋律，坚持正确的舆论导向。

第二，通过健全网络舆情管理机制构建全方位的历史虚无主义思潮防控体系。增强对不良社会思潮的治理管控能力，就要从源头上切断其传播途径，做好网络舆情监测预警和分析研判工作，营造风清气正的网络舆论氛围，做到"旗帜鲜明坚持正确政治方向、舆论导向、价值取向"①。一是建立网络舆情监测预警机制。监管部门要成立历史领域网络舆情管理工作小组，培养专门监管人员开展网络舆情管理与处置工作。监管人员需要及时关注网络舆情动态，对网络平台的舆情进行全方位的监管。例如，对具备一定影响力的网站、论坛、公众号等平台进行定期浏览与信息收集，充分利用大数据筛选出有关历史虚无主义的关键词、图片、视频等内容，监测历史虚无主义传播动态，澄清歪曲历史、诋毁英雄等的不良信息，并对其进行拦截、删除，遇到严重情况应当向相关部门及时发出警报。只有及时发现并清除历史领域的具有不良倾向的信息，才能从根源上杜绝网络平台中历史虚无主义信息的生成。二是建立网络舆情分析研判机制。开展网络舆情研判工作也需要一个高效合理的机制作为保障，相关监管人员在了解当前网络舆情的基础上，还要具备一定的专业知识，运用科学的研判方法，针对历史虚无主义不良信息的发展趋势及其危害程度作出合理的预判。监管人员需要对网络舆情进行持续跟踪与收集，运用专业技术手段建立网络舆情信息库，梳理分析历史虚无主义网络传播的新动向，从而深入了解其传播特点、规律和趋势，提高对历史虚无主义不良信息的敏感度。只有研究和掌握历史虚无主义的发展规律，采取措施大力加强网络舆情管理工作，才能捍卫主流舆论阵地，对历史虚无主义坚决予以抵制。

第三，通过建立网络举报长效机制对管理范围内的网络平台实现有效监督。网络举报为抵御历史虚无主义思潮开辟了一条新的通道，广大群众可以通过国家网信办和各地网信办，以及网站平台等渠道，对历史虚无主义有害信息进行举报。这弥补了监管人员对历史虚无主义言论信息监管方面的缺陷，这是抵御历史虚无主义传播的重要途径。一是推进监督举报平

---

① 《习近平谈治国理政》第 3 卷，外文出版社，2020，第 306 页。

台建设。只有加强历史虚无主义举报平台建设，才能使历史虚无主义有害信息无处可藏，以信息化手段推动历史虚无主义监督工作高质量发展。例如，为营造建党百年良好舆论氛围，避免历史虚无主义错误言论误导群众，中央网信办（国家互联网信息办公室）违法和不良信息举报中心通过官方网站、手机 App 等渠道设立"涉历史虚无主义有害信息"专区，对公众举报进行专项受理，有效打击了历史虚无主义思潮的传播，为建设更加健康、优质、有益、多元的网络生态作出了贡献。地方政府也应当积极推进历史虚无主义监督举报平台建设，规范举报信息的收集、处理和管理程序，针对历史虚无主义重点内容设置举报专区，充分利用举报电话、邮箱、公众号、官方微博等多种方式。二是设立网络举报奖励机制。有关部门要充分调动网民参与历史虚无主义监督的积极性，鼓励群众积极参与投诉、举报历史虚无主义不良信息。政府可以在网络举报专区设置奖励对象、奖励范围、奖励标准，对于经核实符合奖励标准的举报信息按照规定及时兑现奖励。同时也要鼓励各大门户网站、App 在专区设立奖励机制，发挥社会监督作用。只有公众共同监督、积极参与网络综合治理，踊跃举报历史虚无主义错误言论，才能阻断历史虚无主义思潮的传播，提升治理效能。

第二节　营造良好的社会舆论氛围

社会舆论环境和舆论内容是影响大学生马克思主义历史观教育的重要因素。完善历史观教育的外部环境建设，营造有利的社会环境，就要正确引导社会舆论，在全社会形成良好的舆论氛围，从而凝聚马克思主义历史观教育的精神动力，共同助力教育效果的提升。

一　在全社会树立崇尚英雄、缅怀先烈的良好风尚

在五千年历史长河之中，中国人民创造了辉煌的文明，在革命、建设和改革实践中，中国人民为了共同的家园勠力同心、开创伟业。"人民是

历史的创造者，人民是真正的英雄。"① 英雄出自平凡，但造就伟大，所有为民族和国家做出贡献的人民英雄都是最可爱的人，永远值得我们学习。新时代中国特色社会主义伟大事业依然需要千千万万个人民英雄，需要坚定不移的理想信念、奋发有为的干事决心、脚踏实地的奋斗精神。崇尚英雄、学习英雄、捍卫英雄、关爱英雄是对人民力量和人民作用的充分肯定。只有整个社会都形成崇尚英雄、学习英雄、争做英雄的良好氛围，社会才能充满浩然正气。

第一，树立崇尚英雄的鲜明导向。崇尚英雄，就是要在思想、行动上将人民英雄放在最高位置。一是始终树立人民至上的价值理念，将人民至上贯彻到每个方面。中华民族自古以来英雄辈出，无论哪一个时代，英雄事迹与英雄精神都是激励社会前行的巨大动力。因而，我们要在全社会宣传人民英雄的先进事迹、塑造新时代的先锋模范，努力营造良好的社会氛围。二是把握群众路线的政治理念，牢记"群众是真正英雄的历史唯物主义观点不能丢"②。人民群众创造历史的基本原理是群众路线的理论基础，古往今来，人民群众都是社会革命的主力军，人民至上正是中国共产党践行群众路线的最好诠释。只有把握好党的群众路线，才能凝聚起全面建成社会主义现代化强国的强大力量。三是把握以人民为中心的创作理念。唯物史观认为，人民群众既是历史的"剧作者"又是历史的"剧中人"。文艺作品要赞颂人民创造历史的伟大进程，通过电影、电视剧、小说、诗歌、书法、绘画、音乐、舞蹈等丰富多样的文学艺术形式，赞扬为民族复兴奋斗的拼搏者和为人民牺牲奉献的英雄们。我们要发挥大众传媒的舆论引导作用，利用新媒体的舆论影响力进行思想宣传，拓宽传播的渠道，在互联网平台弘扬英雄精神，宣传英雄文化，营造良好的舆论氛围。

第二，形成学习英雄的浓厚氛围。学习英雄精神、培育英雄气概不仅要发挥学校教育的主阵地作用，更要以社会的广泛参与，营造学习英雄的浓厚氛围。我们要学习历史上捍卫国家统一、维护民族尊严、抵御外敌入

---

① 《习近平谈治国理政》第3卷，外文出版社，2020，第139页。
② 《习近平谈治国理政》第1卷，外文出版社，2023，第123页。

侵而前赴后继的英雄人物与革命先烈，永远不能忘记为中华民族作出贡献的人民英雄们；也要学习为实现"两个一百年"的奋斗目标、为社会主义事业作出贡献的英雄模范。只有对英雄人物的光荣事迹了然于心，学习他们高尚的行为和责任担当精神，才能使整个社会逐渐形成学习英雄精神、用英雄力量砥砺前行的良好氛围。一是在全社会宣扬马克思主义英雄观。马克思主义英雄观认为，英雄是一定社会背景条件下的历史产物，来自人民、为了人民，人民作为历史的创造者，推动着历史发展与社会进步，是真正的英雄。我们要始终坚持马克思主义英雄观，激励人民群众共同学习英雄，将英雄精神内化于心，外化于行。二是与时俱进地宣传新时代涌现出的人民英雄模范，例如，教书育人楷模张桂梅被写入《中华人民共和国简史》这一消息冲上微博热搜，引发了网友们的广泛讨论，掀起了学习英雄模范、弘扬奋斗精神的热潮。我们要注重对当下人民英雄模范故事的宣传，推动英雄精神牢牢扎根于人民心中。

第三，使捍卫英雄成为时代责任。英雄人物使一个民族更具凝聚力、向心力，自古以来，英雄人物都是令敌人闻风丧胆、令人民群众崇尚敬仰的存在，但随着消费主义、娱乐主义、历史虚无主义等不良思潮的传播，很多革命英烈的形象受到敌对势力的抹黑践踏，一些英雄模范的形象也被居心不良的人质疑嘲讽。全社会应当行动起来，用真相为英雄正名，使捍卫英雄成为时代责任。一是深入挖掘真实的英雄事迹。主流媒体应当利用互联网平台，采用多种媒介传播方式，通过细致的采访调查，带领公众深入了解、还原英雄事迹，用事实真相对网上诋毁抹黑英雄的各种错误观点给予有力回击；也要积极挖掘史料，对每段历史进行严密论证，用事实粉碎捕风捉影的谣言，从而有效引导社会舆论，达到正视听、明是非、服人心的目的，引发公众的情感共鸣。二是培养捍卫英雄的意识。近年来，国家出台了《中华人民共和国英雄烈士保护法》等相关法律，对英雄的各方面权益进行保护，用法律来捍卫英雄精神。人民群众也要具备捍卫英雄的意识，对于侵害英雄权益、诋毁英烈形象等行为进行及时举报、坚决抵制，绝不容许别有用心之人糟蹋民族的先烈和英雄，绝不允许党领导人民革命建设的光荣历史被敌对势力否定。捍卫英雄、守卫良知是全社会的共同使命，也是全体人民的共同责任。

第四，让关爱英雄成为全民共识。尊重英雄、守护英雄是全社会的共同责任，既是对英雄无私奉献的感恩，也是对英雄精神的召唤，让更多人以英雄为榜样和楷模，加入英雄的队伍。我们要号召全体人民关爱英雄，凝聚起强大的正能量，让关爱英雄成为全民共识。政府应当建立关爱英雄的长效机制，落实对有困难的英雄家庭的照顾帮扶，给予英雄应有的待遇。有关部门要制定相关规定与政策，对英雄及其家人进行长期帮扶，既要给予精神鼓励，又要给予物质奖励，既要大力宣传他们的先进事迹，又要厚待英模及其亲属。例如为英雄建立档案，由专门的部门负责定时跟踪访问，及时了解英雄及其家人的生存现状，为英雄发放慰问金、为其子女购买保险、子女考大学加分、赡养老人、帮助解决住房困难等，从政治上、工作上、生活上切实对英雄模范给予关心。同时，也要号召社区、企业开展有特色、有深度的志愿服务活动，以实际行动致敬英雄，为关爱英雄奉献一份力量。例如，以企业为单位携手媒体打造爱心慰问团队，有组织、有计划地开展献爱心活动，对革命老兵、英雄模范进行慰问，使英雄感受到来自社会的温暖与关爱。我们要努力弘扬关爱英雄、崇尚英雄的正能量，引导更多的社会力量一同关爱英雄，让英雄事迹家喻户晓，让英雄精神广为传播。

二 让诚实劳动、勤勉工作蔚然成风

劳动创造历史，劳动开创未来。进入新时代，习近平总书记多次在讲话中勉励广大劳动者，赞扬劳模精神，并赋予劳模精神（劳动精神、工匠精神）以新的时代内涵。中华人民共和国成立以来，在劳模精神（劳动精神、工匠精神）的引领和鼓舞下，我国工人阶级和广大劳动者在社会主义革命、建设、改革的伟大事业中贡献智慧、挥洒汗水，用行动诠释了劳动的光荣。伟大时代需要继续弘扬"爱岗敬业、争创一流、艰苦奋斗、勇于创新，淡泊名利、甘于奉献的劳模精神""崇尚劳动、热爱劳动、辛勤劳动、诚实劳动的劳动精神""执着专注、精益求精、一丝不苟、追求卓越的工匠精神"①。新时代，我们要推动全社会形成弘扬劳模精神、劳动精神、工匠精神的良好社会风尚，"让诚实劳动、勤勉工作蔚然成风"②。

第一，营造学习劳模的良好社会氛围。劳动模范是光荣称号，也是全社会的精神坐标，劳模精神是激励人们勤奋劳动的精神力量。在全社会弘扬劳模精神，就要强化社会舆论导向，广泛开展群众性活动，把劳模精神融入群众活动中，让更多群众认识劳模，树立向劳模学习的目标。一是加大对劳模精神的宣传力度，持续不断宣传劳模事迹和劳模精神，强化劳模的示范引领作用。例如"五一"期间开展劳模宣传月活动，在线上或线下举办劳动模范宣讲、座谈活动，创建劳模宣传专栏，编写劳模故事集等，采用群众喜闻乐见、丰富多彩的形式，大力宣传劳模的崇高精神和先进事迹。我们要充分利用新媒体传播平台，增强宣传趣味性与互动性，从而提升宣传效果。二是强化对劳模精神的宣传深度，提高宣传的感染力。劳模来自群众，我们要宣传好劳模事迹，就要用朴实的语言、真挚的情感、真实的事例开展生动的劳模精神教育。我们要通过大众化、故事化、时代化、生活化、日常化的讲述方式，让群众了解劳模在各自岗位上所作出的贡献，在感动中学习、感悟劳模精神。例如讲述在脱贫攻坚过程中，参与精准扶贫的劳动者奔波一线，帮助贫困人群脱贫致富，让困难群体感受到社会的关爱；讲述在新冠疫情暴发时，广大医护者义无反顾踏上伟大征程，将自身安危置之度外，为疫情防控和经济社会秩序恢复工作敬业奉献；等等。此外，也可以建设富有劳模精神特色的文化景观、设施和场馆，推动劳模精神深入人心，促进劳模作用的充分发挥。

第二，推动全社会树立正确劳动观。劳动精神生动展现了广大劳动者在劳动过程中的劳动观念、价值理念以及精神风貌。每个人都要树立正确

① 习近平：《在全国劳动模范和先进工作者表彰大会上的讲话》，《人民日报》2020 年 11 月 25 日，第 2 版。

② 《习近平给中国劳动关系学院劳模本科班学员的回信》，《人民日报》2018 年 5 月 1 日，第 1 版。

的劳动观，踏实劳动、真抓实干、求真务实，尊重每一位普通劳动者，才能创造美好生活，并使劳动精神得以发扬。一是在全社会宣扬马克思主义劳动观。马克思恩格斯认为，劳动作为人的类本质，是确证人的本质的关键因素。可以说，没有劳动就没有人类的生存、发展、进步。劳动为人的自由全面发展创造了条件，是实现人的解放的重要路径。当前，社会上传播的各种劳动信息和劳动价值观念参差不齐，容易对人们的劳动观形成错误导向。马克思主义劳动观诠释了劳动精神的内在逻辑，能够促进劳动者形成正确的劳动态度，提升劳动的自觉性、积极性、主动性，形成"劳动最光荣、劳动最崇高、劳动最伟大、劳动最美丽"① 的认识。积极弘扬马克思主义劳动观，有利于全社会形成正确的劳动本质观、劳动价值观、劳动精神观和劳动实践观。二是号召全社会继承中华民族优秀传统美德。自古以来，勤劳就是中华民族的优秀美德。发扬伟大的劳动精神，也是对中华民族传统美德的继承与发展。早在春秋时期，《左传》中就有描述："民生在勤，勤则不匮。" 就是说勤劳是人民生活的根本，使百姓获得生活财富。唐代韩愈曾有名句"一勤天下无难事"，这凸显了勤劳在人的生存和发展中的重要性。无论任何时代，勤劳都是应当遵循的美德，能够使个人获得更好的生活，能令国家走向繁荣昌盛。我们要传承劳动精神，就要号召全社会继承中华民族优秀传统美德，始终保持勤劳奋斗的重要品格和精神。

第三，形成尊崇工匠的社会风尚。工匠精神的本质与劳动精神相同，是劳动能力、劳动品质的完美体现，使劳动更专注、更细致、更具有创造性。身处平凡岗位却用奉献造就不凡的劳动者是工匠精神的主体。我们要在全社会厚植工匠文化、褒扬工匠情怀，一是使工匠文化得以传承发展。工匠文化作为一种历史积淀，是我国古代社会走向繁荣的精神支撑。《庄子》中记载的著名寓言庖丁解牛，是精益求精、追求完美的工匠精神的体现，我国古代科技史上的巨著《天工开物》也凝结了古人的智慧与工匠精

---

① 《习近平给中国劳动关系学院劳模本科班学员的回信》，《人民日报》2018 年 5 月 1 日，第 1 版。

神。弘扬工匠精神是时代的需要，也是一种文化的传承，塑造新时代的工匠文化，就要将工匠文化融入社会生活之中，把握工匠传统，将工匠精神进行创造性转化与创新性发展。例如倡导工匠文化深入企业，以持之以恒、开拓创新的品质，培育特色鲜明的企业文化，推动企业的转型升级。二是在全社会大力褒扬工匠精神。工匠精神不仅是国家发展所需要的一种工作态度，更代表着一个时代的情怀。我们要使社会形成分工合作、协作共赢、完美向上的良好风尚，就要转变社会价值观念，通过加大宣传引导力度，树立工匠典型，赞美工匠情怀，使劳动光荣等成为社会风尚，避免工匠精神被当前社会上逐利化的思想所遮蔽。此外，我们要从根本上改变对工匠社会地位的传统认知，在全社会树立职业平等的价值理念，让技术工匠获得职业认同、拥有职业自豪感，从而引导全社会形成尊重工匠的浓厚氛围，促使每名劳动者都成为工匠精神的传承者。

第三节　塑造有利的国际舆论环境

开展马克思主义历史观教育，不仅需要良好的国内环境，还需要在其基础上，积极营造有利的国际舆论环境。当前，站在"两个一百年"奋斗目标的历史交汇点上，赢得国际话语权成为新时代中国维护国家利益、赢得国际社会的了解与认同、提升国际影响力的一项重要任务。面对激烈的话语权竞争，我国必须坚决抵制西方国家的话语霸权，构筑具有中国特色的话语体系，并进行有效的对外传播，提升本国话语在国际社会上的认可度和影响力，为马克思主义历史观教育营造良好的国际舆论环境。

一　抵制西方国家的话语霸权

国际话语权是主权国家在国际社会上，就国内外重大事件表达观点、阐释意见、陈述主张的一种话语表达权，集中体现了一个国家的信息传播力、文化影响力、舆论引导力与政治参与力。法国学者福柯在其"话语权力理论"中提出"话语即权力"，认为只有权力和知识的拥有者才能塑造历史。长期以来，以美国为首的西方国家始终主导着国际话语权，而广大发展中国家国际话语权地位较低，中国的国际话语权也一直遭受西方话语霸权的压制。近年来中国国际影响力逐步提升，一些西方国家凭借着话语霸权对中国的政治、历史、文化进行污蔑、歪曲、抹黑，企图影响中国的国际形象。面对西方话语霸权的压制，抵制西方国家的话语霸权成为新时代我国赢得国际话语权的当务之急。

第一，剖析西方话语的理论缺陷。长期以来，西方国家经济发达，科技领先，始终站在世界舞台的中央，西方的话语体系也对全世界产生了深刻影响，为中国构建自己的话语体系、赢得国际话语权带来了巨大阻碍。西方国家建构的话语体系并不是客观、公正、严谨的，甚至充满了难以弥补的理论缺陷。打破西方国家的话语霸权，就要深刻剖析西方话语的理论缺陷。西方话语是围绕"西方中心论"而展开的。"西方中心论"鼓吹西方文明的优越性，认为西方文明是理性与民主的代表，而东方文明则代表愚昧与专制。西方国家以西方话语建立标准体系，根据西方经济社会自身发展的内部元素设置评判标准，套用西方的模式和经验观察世界，阐释现代世界历史发展进程，完全不考虑世界上其他地区的实际情况。例如，以美国模式为蓝本研究中国发展道路，污蔑中国模式为"霸权主义"。抵制西方国家的话语霸权，要建立对西方话语的理性认知。我们要做到辩证看待西方文明，理性对待西方话语，既要借鉴西方文明的长处，也要避免受到西方话语体系的影响而失去自我。我们要自觉抵制西方国家的文化侵蚀和渗透，揭露西方话语体系的本质，努力构建中国的国际话语权。

第二，强势反击西方国家的话语霸权。自中华人民共和国成立以来，我国的国际话语权也随着中国国际影响力的逐步提升，经历了由构建、发展到逐步提升的不同阶段。当前，一些西方国家不能接受中国和平崛起的结果，于是凭借着话语霸权对中国的政治、历史、文化进行污蔑、歪曲、抹黑，企图影响中国的国际形象，阻碍中国国际话语权的提升。例如误读或歪曲中国历史，影响国际对中国历史的判断；污蔑马克思主义为垄断的僵化的意识形态，否定社会主义的优越性，将共产主义理念宣扬为不可能实现的乌托邦和对民众进行思想控制的意识形态工具；极力渲染一些偶然的社会事件，扭曲中国形象或者放大中国缺点，并上升到政治体制的问题层面；等等。中国要赢得国际话语权，首先就要对西方国家的话语霸权进行强势反击。一是要敢于斗争。近年来，我国在各个领域都获得了前所未有的发展，综合国力显著提升，国际化水平与国际地位日益提高，在国际话语权斗争中不再处于被动的局面。因而，当面对西方霸权话语的挑衅时，要强势、果断地回击敌对势力对我国形象的诋毁，不回避与西方的正面交锋，在辩论中指出西方霸权话语的荒谬和自以为是，"形成同我国综合国力和国际地位相匹配的国际话语权"①。例如华春莹对美国妄称中国政府在新疆推行"种族灭绝"的无端指责给予强势反击，称其"是违反国际法的弥天大谎"，并严厉驳斥了美欧的涉疆制裁。二是要善于斗争。中国要有效应对当前西方国家推行话语霸权的各种手段，有理有据地与西方话语霸权作斗争。我们要善于用事实向普通民众和国外受众展现中国道路与中国形象，充分证明中国不是霸权主义，中国的前途与人类的共同命运紧密相连。

第三，不断提升中国特色社会主义理论自信。在日益激烈的话语权竞争中，西方国家极力强化其话语霸权，我国在抵制西方话语霸权的过程中，应当以马克思主义的立场观点方法为指导，打破西方话语的思维定式，重新诠释西方话语体系的理论和概念，在话语权竞争中不断提升中国特色社会主义理论自信。我们要坚持历史与现实相统一，从历史逻辑与现实逻辑对西方国家的话语霸权进行反击。针对西方话语对马克思主义以及我国政治、历史的污蔑，我们应当从历史逻辑与现实依据出发，坚定理论自信，反击其话语霸权。站在历史的角度，马克思主义是历史的选择，也是中国人民的选择。在马克思主义的引导下，中国共产党带领中国人民实现了国家富强、人民幸福的历史任务，这是其他思想所不能比拟的。站在现实的角度，改革开放以来，几十年的时间里，中国共产党在马克思主

---

① 《习近平在中共中央政治局第三十次集体学习时强调 加强和改进国际传播工作 展示真实立体全面的中国》，《人民日报》2021 年 6 月 2 日，第 1 版。

义的指导下取得了巨大的发展成就，中国完成了西方发达国家几百年走过的工业化历程，为经济发展、社会稳定创造了条件，在保护生态环境、维护地区与世界和平稳定等诸多方面也做出了杰出的国际贡献。因而，要从历史的纵深考察和现实的横向比较中，坚持中国特色社会主义理论自信。我们要坚持理论与实际相统一，实事求是地反击西方国家的话语霸权。话语的背后是理论，我们要在准确理解、把握马克思主义理论的基础上，用马克思主义理论深入、透彻地分析我国具体实际，并将理论与实际结合，构建中国特色社会主义理论与中国话语体系，驳斥西方以各种陷阱学说分析和考察中国情况的错误行径。在坚定中国特色社会主义理论自信的基础上，抵制西方的话语霸权。

二　以中国话语讲好中国故事

习近平同志在党的二十大报告中强调："加快构建中国话语和中国叙事体系，讲好中国故事、传播好中国声音，展现可信、可爱、可敬的中国形象。"① 塑造有利的国际舆论环境，就要用中国话语讲好中国故事，让世界了解中国独特的文化传统、历史命运、现实国情、发展道路，传播好中国的发展理念；也需要用中国话语解释好国内以及国际社会的各种问题，以国家文化软实力来提高本国话语在国际社会上的认可度，争取更多层面的国际认同。历史为讲好中国故事提供了重大机遇，我们要用中国话语讲清中国的发展、改革、成绩和问题，把中国道路、中国理论、中国制度、中国文化寓于其中，展示中国取得的举世瞩目成就，让承载中国精神的故事获得国外受众的心理认同，以塑造良好的国家形象。

第一，讲好中国共产党带领中国人民取得民族独立、人民解放的历史故事。讲好中国故事，我们要再现历史，也要诠释历史。历史上，中国曾经是世界上的进步国家，在西方旅行者、传教士们的笔下被塑造成富饶强大的东方之国，受到西方国家的尊敬与钦佩。然而近代之后，一次次战争

---

① 习近平：《高举中国特色社会主义伟大旗帜 为全面建设社会主义现代化国家而团结奋斗——在中国共产党第二十次全国代表大会上的报告》，人民出版社，2022，第46页。

给中华民族带来了沉重灾难，使中华民族陷入了"积贫积弱、任人宰割的悲惨状况"①，帝国主义却以"文明的冲突"为战争侵略进行辩护，中华民族就此开启了救亡图存的历史。中国共产党带领中国人民最终赢得了新民主主义革命的胜利，创造了社会主义革命和建设的伟大成就，并成功进行了改革开放与社会主义现代化建设，一步步发展了中国特色社会主义，我们要用历史故事生动诠释只有马克思主义才能救中国，只有中国共产党才能领导中国。

第二，讲好中国共产党治国理政的故事。我们要用中国话语讲述好彰显中国共产党独特气质的红色故事，为外界了解中国共产党打开一扇窗口。一是通过讲述中国共产党治国理政的故事，让西方民众认识和了解中国共产党的性质、宗旨、原则以及精神谱系。一些西方民众对中国共产党的认知不清晰，又很难找到了解中国共产党的渠道，而部分西方媒体颠倒黑白，无疑给西方民众认识和了解中国共产党增加了难度。我们要向国际受众讲清楚中国共产党立党为公、执政为民的执政理念，讲清楚新时代为什么要一以贯之地坚持和发展中国特色社会主义，讲清楚习近平新时代中国特色社会主义思想的深刻内涵。只有科学准确、令人信服地传播治国理政故事，才能使受众感知中国共产党的先进性、纯洁性与时代性。二是分享中国共产党治国理政经验，为广大发展中国家提供借鉴。改革开放以后，中国的发展进步比历史上任何国家都要迅速，党的十八大以来，党和国家事业取得了历史性成就。国际上广大发展中国家希望倾听、借鉴中国共产党治国理政经验，带领国家发展进步。我们要讲好中国的发展道路与发展模式，鼓舞各国人民独立选择自身现代化发展路径，为人类文明发展进步作出更大贡献。

第三，讲好中国坚持和平发展合作共赢的故事。随着几十年的快速发展，我国综合国力显著提升，发展速度超出了很多西方国家的预期。一些西方国家对中国现行的社会主义体制存在意识形态上的偏见，在国际上造谣，宣扬中国将会搞霸权主义，将成为强权国家，更有甚者在国际社交平

---

① 《习近平著作选读》第 1 卷，人民出版社，2023，第 240 页。

台渲染"中国威胁论",对我国形象造成了一定影响。我们要讲好人类命运共同体理念下的中国故事,增进其他国家对我国的了解,减少误解,向世界证明中国不搞霸权主义,始终坚持和平发展、合作共赢。

第四,讲好中华优秀传统文化的故事。每个国家和民族都有自己的历史传统与文化积淀,因而其发展道路必然各具特色。中华优秀传统文化是中华民族团结奋进的重要精神支撑,讲好中国故事,就要以中华优秀传统文化为底蕴,把优秀传统文化的精神展示给世界,并传播好继承优秀传统文化、弘扬时代精神的当代中国文化创新成果。我们必须讲好中华优秀传统文化中蕴含的思想观念以及人文精神,减少由不同民族、国家文化价值差异引发的文化误读,提升中华文化影响力,让世界更好地了解中国。我们还要讲清楚中华优秀传统文化对于解决人类问题的重要价值。中国特色社会主义植根于中华民族独特的文化传统与基本国情,中国提出的发展理念源于中华文明的悠久历史传统与文化基因。例如,构建以合作共赢为核心的新型国际关系、打造人类命运共同体的理念就集中体现了中华优秀传统文化中的"仁爱思想"与"和合文化"。我们要通过讲好中华优秀传统文化的故事,传播中国特色社会主义文化,推进新时代大国外交。"向世界展现真实、立体、全面的中国。"[1]

---

[1] 《习近平谈治国理政》第 3 卷,外文出版社,2020,第 312 页。

结束语

　　马克思主义历史观不是封闭的理论体系，其基本观点本身并非一成不变，而是伴随实践发展与科学进步而不断发展，因而，我们对于马克思主义历史观基本观点的认识也应当与时俱进。毛泽东在革命实践中创造性地运用马克思主义历史观的基本观点，并指出要科学运用马克思主义的立场、观点和方法"来具体地研究中国的现状和中国的历史，具体地分析中国革命问题和解决中国革命问题"①。中国特色社会主义进入新时代，我们要结合新时代、新形势，对马克思主义历史观发展、创新的理论和现实问题进行具体探索，将马克思主义理论的创新与中国道路的探索相结合，回答中国特色社会主义现代化建设中所遇到的实际问题。

　　当代大学生肩负着传承历史、开创未来的重任，是新时代的奋进者、开拓者、追梦者。面对国际环境愈发复杂、国内情况深刻变化的新形势，对大学生群体开展马克思主义历史观教育，是时代与社会发展的现实要求，也是高校不断提高办学育人水平、把握育人方向、创新育人模式的需要。正确的历史观能够促进历史认知，而错误的历史观则会对历史产生误读。马克思主义历史观教育可以帮助大学生坚定理想信念，形成正确的世界观、人生观、价值观，也可以使其多层次、多视角地总结历史经验、认识历史规律，抵御历史虚无主义等不良思潮的侵蚀，从而认清当代中国所处的历史方位，直面新时代、新形势下的问题与挑战，努力践行初心使

---

① 《毛泽东选集》第 3 卷，人民出版社，1991，第 797 页。

命。但当代大学生群体的历史观还存在很多问题，只有充分掌握基本历史知识，形成对马克思主义历史观的系统认知，才能正确辨别生活中的一些不良信息，运用历史唯物主义的基本立场和方法解决学习和生活中的实际问题。这就需要高校加强马克思主义历史观教育，将教育的内容不断发展、更新，以习近平总书记关于历史观的重要论述为指导思想，教育大学生学习马克思主义历史观基本原理，学习世界社会主义发展史，学习中国特色社会主义伟大实践。我们要充分发挥高校在开展大学生马克思主义历史观教育过程中的主导作用，也要营造有利于开展大学生马克思主义历史观教育的社会氛围，使学校教学与社会教育协同。

总而言之，大学生马克思主义历史观教育研究具有重要的理论意义和现实价值，关于马克思主义历史观教育的相关问题还具有进一步探讨的空间。因此，笔者在未来的研究中，将对大学生马克思主义历史观教育面临的新情况新挑战进行更加深入的理论思考，从而进一步增强大学生马克思主义历史观教育对策建议的针对性和可操作性，力求探索构建更为全面的大学生马克思主义历史观教育体系。

附录一

大学生马克思主义历史观教育调查问卷

您好！为了更好地提升当今高校大学生马克思主义历史观教育的实效性，特进行此次问卷调查。本调查采用随机抽样的匿名方式进行，您的基本信息和作答结果会严格保密，仅用作学术研究。为保证数据真实可靠，希望您根据个人实际情况认真作答。衷心感谢您的参与！

一　基本情况

1. 您的性别：

A. 男　　　　　B. 女

2. 您就读的院校属于：

A. 本科　　　　B. 专科

3. 您的专业类别为：

A. 文科　　　　B. 理科

4. 您所在年级：

A. 一年级　　　B. 二年级　　　C. 三年级　　　D. 四年级

5. 您的政治面貌：

A. 中共党员（含预备党员）　　　B. 共青团员

C. 群众及其他党派

二、调查题目

6. 您是否理解"中国特色社会主义是实现中华民族伟大复兴的必由之路"这一结论的含义？（单选）

    A. 理解　　　　　B. 不理解　　　　C. 比较模糊

7. "马克思主义是我们立党立国的根本指导思想，是我们党的灵魂和旗帜"，您是否理解马克思主义的历史地位与当代意义？（单选）

    A. 理解　　　　　B. 不理解　　　　C. 比较模糊

8. "中国特色社会主义制度是当代中国发展进步的根本制度保障"，您是否理解中国特色社会主义制度的内涵？（单选）

    A. 理解　　　　　B. 不理解　　　　C. 比较模糊

9. 您认为"社会主义必然战胜资本主义"是一个长期的过程，还是很快就能实现？（单选）

    A. 需要长期过程　　　　　　　B. 很快就能实现

    C. 不能实现

10. 共产主义是人类社会发展的必然趋势，您对实现这一趋势的看法是？（单选）

    A. 充满信心　　　B. 信心不足　　　C. 有一点信心

11. "社会主义制度具有资本主义不可比拟的巨大优越性"，您是否了解社会主义制度存在哪些优越性？（单选）

    A. 非常了解　　　B. 不了解　　　　C. 比较模糊

12. 您是否经常通过网络形式阅读历史书籍？（单选）

    A. 经常　　　　　B. 偶尔　　　　　C. 几乎不

13. 在浏览互联网和社交媒体网站上有关历史信息的帖子、文章时，您是否会通过查找资料等方式对其内容的真实性加以查证？（单选）

    A. 是，及时查证　　　　　　B. 否，不会特意进行查证

    C. 无所谓，不关心

14. 历史虚无主义思潮以唯心史观为基础，具有极大的渗透性、隐蔽性、蛊惑性。您是否了解历史虚无主义思潮的危害？（单选）

A. 非常了解　　B. 不了解　　　C. 比较模糊

15. 面对历史虚无主义，我们必须始终保持理论上的清醒和政治上的坚定。当您在网络上浏览到历史虚无主义观点时，您会采取什么样的措施？（单选）

A. 了解举报途径，立刻举报　　　B. 想要举报但不了解举报途径

C. 无所谓，跟我没什么关系

16. 当前，泛娱乐主义依靠现代传媒将各领域人物、事件进行娱乐性修饰，使消费主义、享乐主义等不良价值观念在社会上传播，对此我们要予以坚决抵制。作为一名大学生，您对泛娱乐化现象的态度是？（单选）

A. 坚决抵制，娱乐化信息容易消磨意志，不利于正确价值观的形成

B. 了解其危害，但习惯性依靠娱乐化信息放松身心，减轻压力

C. 说不清楚

17. 艰苦奋斗精神是革命、建设、改革进程中的重要动力与思想保证，我们要将艰苦奋斗精神代代传承。作为一名大学生，您是否愿意努力奋斗？（单选）

A. 愿意奋斗　　B. 不愿意奋斗　C. 只愿意偶尔奋斗

18. 对大学生进行马克思主义历史观教育是大学生成长成才的重要途径。对于开展大学生马克思主义历史观教育，您的观点是？（单选）

A 非常必要　　B. 有必要　　　C. 无所谓

19. 在课堂学习中，您是否认同《中国近现代史纲要》课程中讲授的中国近代史的"四个选择"？（单选）

A. 非常认同　　B. 比较认同　　C. 不清楚

20. "四史"包括党史、新中国史、改革开放史、社会主义发展史，您所在学校开设了"四史"教育中的几门课程？（单选）

A. 全部开设　　B. 没有开设　　C. 开设1~3门

21. 您所在学校的通识课程中是否开设了有关历史的课程？（单选）

A. 是　　　　　B. 否　　　　　C. 不清楚

22. 2021 年是中国共产党成立 100 周年，您所在学校开展的党史学习教育是否对您有教育作用？（单选）

A. 教育效果显著　　　　　　B. 教育效果不明显

C. 没有印象

23. 电影《长津湖》以抗美援朝战争中的长津湖战役为背景，讲述了一段波澜壮阔的历史，是我国革命题材电影的典范。您在观看革命题材的电影时是否受到感动？（单选）

A. 深受感动　　B. 比较感动　　C. 没有反应

24. 您如何评价您所在学校的马克思主义历史观教育？（单选）

A. 很好，效果显著　　　　　B. 一般，有待加强

C. 不好，没有效果

25. 您所在学校对您进行马克思主义历史观教育的群体有哪些？（多选）

A. 思政课教师　　　　　　　B. 辅导员或班主任

C. 专业课教师　　　　　　　D. 其他

26. 您比较认同以哪些方式开展马克思主义历史观教育？（多选）

A. 学习课堂相关知识　　　　B. 参观历史博物馆

C. 观看革命题材电影　　　　D. 阅读红色书籍

附录二

大学生马克思主义历史观教育调查对象基本情况统计

单位：人，%

项目	类别	数量	占比
性别	男	2056	49.08
	女	2133	50.92
	总计	4189	100.00
年级	大一	1095	26.14
	大二	1032	24.64
	大三	1228	29.31
	大四	834	19.91
	总计	4189	100.00
专业	文科	1997	47.67
	理科	2192	52.33
	总计	4189	100.00
学校类别	本科	2894	69.09
	专科	1295	30.91
	总计	4189	100.00

续表

项目	类别	数量	占比
政治面貌	中共党员 （含预备党员）	615	14.68
	共青团员	3562	85.03
	群众及其他党派	12	0.29
	总计	4189	100.00

参考文献

著作类

[1]《马克思恩格斯选集》第1~4卷，人民出版社，2012。

[2]《马克思恩格斯全集》第1卷，人民出版社，1995。

[3]《马克思恩格斯全集》第2卷，人民出版社，1957。

[4]《马克思恩格斯全集》第3卷，人民出版社，1960。

[5]《马克思恩格斯全集》第19卷，人民出版社，1963。

[6]《马克思恩格斯全集》第23卷，人民出版社，1972。

[7]《马克思恩格斯全集》第37卷，人民出版社，1971。

[8]《马克思恩格斯全集》第42卷，人民出版社，1979。

[9]《马克思恩格斯全集》第46卷上，人民出版社，1979。

[10]《马克思恩格斯全集》第46卷下，人民出版社，1980。

[11]《马克思恩格斯文集》第1卷，人民出版社，2009。

[12]《马克思恩格斯文集》第2卷，人民出版社，2009。

[13]《马克思恩格斯文集》第5卷，人民出版社，2009。

[14]《马克思恩格斯文集》第7卷，人民出版社，2009。

[15]《马克思恩格斯文集》第9卷，人民出版社，2009。

[16]《马克思恩格斯文集》第10卷，人民出版社，2009。

[17]《列宁选集》第1~4卷，人民出版社，2012。

［18］《列宁全集》第 1 卷，人民出版社，1984。

［19］《毛泽东选集》第 1~4 卷，人民出版社，1991。

［20］《毛泽东文集》第 7 卷，人民出版社，1999。

［21］《毛泽东文集》第 8 卷，人民出版社，1999。

［22］《邓小平文选》第 1~2 卷，人民出版社，1994。

［23］《邓小平文选》第 3 卷，人民出版社，1993。

［24］《江泽民文选》第 1~3 卷，人民出版社，2006。

［25］《胡锦涛文选》第 1~3 卷，人民出版社，2016。

［26］《习近平谈治国理政》第 1 卷，外文出版社，2018。

［27］《习近平谈治国理政》第 2 卷，外文出版社，2017。

［28］《习近平谈治国理政》第 3 卷，外文出版社，2020。

［29］《习近平谈治国理政》第 4 卷，外文出版社，2022。

［30］《习近平著作选读》第 1~2 卷，人民出版社，2023。

［31］《李大钊全集》第 4 卷，人民出版社，2013。

重要文献类

［1］习近平：《论中国共产党历史》，中央文献出版社，2021。

［2］当代中国研究所：《新中国 70 年》，当代中国出版社，2019。

［3］习近平：《高举中国特色社会主义伟大旗帜 为全面建设社会主义现代化国家而团结奋斗——在中国共产党第二十次全国代表大会上的报告》，人民出版社，2022。

［4］《胡锦涛同志“七一”重要讲话学习读本》，中共中央党校出版社，2003。

［5］教育部课题组编《深入学习习近平关于教育的重要论述》，人民出版社，2019。

［6］中共中央党史研究室：《中国共产党历史》第 1 卷（上），中共党史出版社，2002。

［7］中共中央党史研究室：《中国共产党历史》第 1 卷（下），中共党史

出版社，2002。

［8］中共中央党史研究室：《中国共产党历史》第2卷（上），中共党史出版社，2011。

［9］中共中央党史研究室：《中国共产党历史》第2卷（下），中共党史出版社，2011。

［10］中共中央党史和文献研究院编《改革开放四十年大事记》，人民出版社，2018。

［11］中共中央党史和文献研究院编《习近平关于"不忘初心、牢记使命"论述摘编》，党建读物出版社、中央文献出版社，2019。

［12］《以习近平同志为核心的党中央治国理政新理念新思想新战略》，人民出版社，2017。

［13］《习近平新时代中国特色社会主义思想基本问题》，人民出版社、中共中央党校出版社，2020。

［14］《中共中央关于党的百年奋斗重大成就和历史经验的决议》，人民出版社，2021。

［15］中共中央文献研究室编《十九大以来重要文献选编》（上），中央文献出版社，2019。

［16］中共中央文献研究室编《十九大以来重要文献选编》（中），中央文献出版社，2021。

［17］中共中央文献研究室编《十八大以来重要文献选编》（上），中央文献出版社，2014。

［18］中共中央文献研究室编《十八大以来重要文献选编》（中），中央文献出版社，2016。

［19］中共中央文献研究室编《十八大以来重要文献选编》（下），中央文献出版社，2018。

［20］中共中央文献研究室编《习近平关于社会主义文化建设论述摘编》，中央文献出版社，2017。

［21］《习近平新时代中国特色社会主义思想三十讲》，学习出版社，2018。

［22］《习近平新时代中国特色社会主义思想学习纲要》，学习出版社，2019。

［23］《习近平总书记系列重要讲话读本》，学习出版社、人民出版社，2014。

［24］《国际共产主义运动史》，人民出版社，2012。

［25］《中国共产党尊重和保障人权的伟大实践》，人民出版社，2021。

［26］《中共中央关于党的百年奋斗重大成就和历史经验的决议辅导读本》，人民出版社，2021。

［27］《中国共产党简史》，人民出版社，2021。

［28］《中华人民共和国简史》，人民出版社，2021。

［29］《改革开放简史》，人民出版社，2021。

［30］《社会主义发展简史》，人民出版社，2021。

［31］《马克思主义基本原理》，高等教育出版社，2021。

［32］《毛泽东思想和中国特色社会主义理论体系概论》，高等教育出版社，2021。

［33］《思想道德与法治》，高等教育出版社，2021。

［34］《中国近现代史纲要》，高等教育出版社，2021。

［35］《形势与政策》，人民日报出版社，2021。

［36］卜宪群：《习近平新时代治国理政的历史观》，中国社会科学出版社，2019。

［37］曹普：《当代中国改革开放史》，人民出版社,2016。

［38］常江：《阐释与创新：马克思历史观的整体性研究》，中国社会科学出版社，2013。

［39］陈秉公：《思想政治教育学原理》，高等教育出版社，2006。

［40］陈万柏、张耀灿：《思想政治教育学原理》，高等教育出版社,2007。

［41］陈先达：《历史唯物主义与当代中国》，中国人民大学出版社,2019。

［42］程彪：《〈德意志意识形态〉与历史唯物主义的当代阐释》，中国社会科学出版社，2018。

［43］戴钢书：《高校思想政治理论课实践教学论》，《中国人民大学出版社，2015。

［44］段忠桥：《重释历史唯物主义》，江苏人民出版社，2009。

［45］高惠珠：《唯物史观新视野与新发展理念研究》，上海人民出版社，2019。

［46］葛剑雄、周筱赟：《历史学是什么》，北京大学出版社，2002。

［47］龚培河、万丽华：《马克思主义历史进步观》，科学出版社，2018。

［48］洪认清：《中国共产党与马克思主义史学理论创新》，厦门大学出版社，2013。

［49］侯惠勤：《马克思的意识形态批判与当代中国》，中国社会科学出版社，2010。

［50］胡占君：《中国共产党的历史教育思想与实践研究》，中央党校出版社，2006。

［51］胡子克：《马克思主义理论教育概论》，人民出版社，2005。

［52］李杰：《历史进程与历史理性——唯物史观史学方法论》，人民出版社，2010。

［53］李稚勇等：《中外历史教育比较研究》，长春出版社，2012。

［54］梁枫：《唯物史观在中国的历史命运论纲》，北京大学出版社，2000。

［55］梁柱、龚书铎主编《警惕历史虚无主义思潮》，人民教育出版社，2006。

［56］刘爽：《唯物史观与历史研究》，中国社会科学出版社，2015。

［57］刘宗华：《历史教育的实践与思考》，知识产权出版社，2012。

［58］吕希晨、何敬文主编《中国现代唯物史观史》，天津人民出版社，2003。

［59］罗秋立：《历史唯物主义与社会人类学批判》，人民出版社，2008。

［60］骆郁廷：《高校思想政治理论课程论》，武汉大学出版社，2006。

［61］庞卓恒主编《史学概论》，高等教育出版社，1995。

［62］庞卓恒：《唯物史观与历史科学》，高等教育出版社，2004。

［63］邱柏生、董雅华：《思想政治教育学新论》，复旦大学出版社，2012。

［64］佘双好等：《当代社会思潮对高校师生的影响及对策研究》，中央编译出版社，2011。

［65］沈壮海：《思想政治教育的文化视野》，人民出版社，2005。

［66］沈壮海等：《中国大学生思想政治教育发展报告（2018－2019）》，北京师范大学出版社，2020。

［67］孙麾、郝立新：《唯物史观与中国问题》，中国社会科学出版社，2015。

［68］孙麾、吴晓明主编《唯物史观与历史评价——哲学与史学的对话》，中国社会科学出版社，2009。

［69］孙正聿等：《马克思主义基础理论研究》，北京师范大学出版社，2011。

［70］汤文曙、房玫：《现实的人及其历史发展——马克思主义社会历史观研究》，安徽师范大学出版社，2014。

［71］田鹏颖、赵晖：《唯物史观的理论与实践》，辽宁大学出版社，2007。

［72］田鹏颖、赵美艳：《思想政治教育哲学》，光明日报出版社，2010。

［73］王海锋：《历史唯物主义世界观的当代阐释》，中国社会科学出版社，2016。

［74］王京清：《新中国社会主义发展道路70年》，中国社会科学出版社，2018。

［75］王伟光主编《人类思想史上的新历史观》，人民出版社、中国社会科学出版社，2014。

［76］王耀海：《唯物史观的逻辑探要》，中国政法大学出版社，2013。

［77］谢晓娟、王东红主编《多学科视角下的思想政治教育研究》，中国书籍出版社，2015。

［78］谢晓娟：《文化多样性与当代中国软实力建设》，人民出版社，2015。

［79］杨耕：《马克思主义历史观研究》，北京师范大学出版社，2017。

［80］叶小兵：《历史教育学》，高等教育出版社，2004。

［81］张凌云:《马克思的历史唯物主义与中国特色社会主义》,东方出版中心,2011。

［82］张文喜:《历史唯物主义的政治哲学向度》,江苏人民出版社,2008。

［83］张兴成:《虚无主义与现代性批判》,人民出版社,2017。

［84］张秀琴:《马克思意识形态理论的当代阐释》,中国社会科学出版社,2005。

［85］张耀灿等:《思想政治教育学前沿》,人民出版社,2006。

［86］张耀灿:《中国共产党思想政治教育史论》,高等教育出版社,2006。

［87］张耀灿等:《现代思想政治教育学》,人民出版社,2006。

［88］张一兵:《马克思历史辩证法的主体向度》,南京大学出版社,2002。

［89］赵继伟:《马克思主义意识形态接受论》,武汉大学出版社,2009。

［90］赵亚夫:《国外历史教育文献选读》,长春出版社,2012。

［91］郑永廷:《思想政治教育方法论》,高等教育出版社,2014。

［92］周兵:《新时代中国特色社会主义道路实践与发展》,北京日报出版社,2019。

［93］朱桂莲:《爱国主义教育研究》,中国社会科学出版社,2008。

［94］朱汉国等:《当代中国社会思潮研究》,北京师范大学出版社,2012。

译著类

［1］〔德〕黑格尔:《历史哲学》,王造时译,上海书店出版社,2006。

［2］〔德〕亨利希·库诺:《马克思的历史、社会和国家学说——马克思的社会学的基本要点》,袁志英译,上海译文出版社,2006。

［3］〔德〕尤尔根·哈贝马斯:《重建历史唯物主义》,郭官义译,社会科学文献出版社,2000。

［4］〔法〕路易·阿尔都塞、〔法〕艾蒂安·巴里巴尔:《读〈资本论〉》,李其庆、冯文光译,中央编译出版社,2017。

［5］〔法〕洛克莫尔:《历史唯物主义:哈贝马斯的重建》,孟丹译,北京师范大学出版社,2009。

[6]〔美〕E.弗洛姆等:《西方学者论〈一八四四年经济学—哲学手稿〉》,复旦大学哲学系现代西方哲学研究室编译,复旦大学出版社,1983。

[7]〔美〕威廉姆·肖:《马克思的历史理论》,阮仁慧等译,重庆出版社,1989。

[8]〔日〕广松涉:《唯物史观的原像》,邓习议译,南京大学出版社,2009。

[9]〔日〕望月清司:《马克思历史理论的研究》,韩立新译,北京师范大学出版社,2009。

[10]〔日〕中村哲:《奴隶制与农奴制的理论——马克思恩格斯历史理论的重构》,冻国栋等译,武汉大学出版社,1994。

[11]〔苏〕苏霍姆林斯基:《给教师的一百个建议》,杜殿坤译,教育科学出版社,1984。

[12]〔匈〕卢卡奇:《历史与阶级意识——关于马克思辩证法的研究》,杜章智等译,商务印书馆,1992。

[13]〔意〕贝奈戴托·克罗齐:《历史学的理论和实际》,傅任敢译,商务印书馆,1982。

[14]〔英〕安东尼·吉登斯:《历史唯物主义的当代批判——权力、财产与国家》,郭忠华译,上海译文出版社,2010。

[15]〔英〕G.A.科恩:《卡尔·马克思的历史理论——一种辩护》,段忠桥译,高等教育出版社,2008。

[16]〔英〕乔纳森·休斯:《生态与历史唯物主义》,张晓琼、侯晓滨译,江苏人民出版社,2011。

[17]〔英〕S.H.里格比:《马克思主义与历史学:一种批判性的研究》,吴英译,译林出版社,2012。

中文期刊类

[1]　习近平:《坚持历史唯物主义不断开辟当代中国马克思主义发展新境

界》，《求是》2020 年第 2 期。

[2] 习近平：《建设中国特色中国风格中国气派的考古学 更好认识源远流长博大精深的中华文明》，《求是》2020 年第 23 期。

[3] 习近平：《思政课是落实立德树人根本任务的关键课程》，人民出版社，2020。

[4] 习近平：《在党史学习教育动员大会上的讲话》，人民出版社，2021。

[5] 白显良：《加强大学生"四个自信"教育的几点思考》，《思想教育研究》2016 年第 9 期。

[6] 曹百瑛：《马克思人的本质及人的全面发展理论再省思》，《理论探讨》2012 年第 5 期。

[7] 曹润生：《唯物史观是关于现实的人及其历史发展的科学》，《长白学刊》2001 年第 3 期。

[8] 曾国屏：《来自科学技术的哲学诉求》，《北京大学学报（哲学社会科学版）》2007 年第 6 期。

[9] 陈丹：《美国历史教育中的民族精神传承及启示》，《中国成人教育》2016 年第 19 期。

[10] 陈连军：《马克思主义群众史观的理论意蕴和现实启示》，《学术交流》2014 年第 7 期。

[11] 陈延斌、吴成达：《论马克思主义生产力理论的伦理内蕴》，《哲学研究》2013 年第 2 期。

[12] 程美东、刘辰硕：《从三个维度理解加强"四史"教育的重大意义》，《思想教育研究》2020 年第 12 期。

[13] 戴海容：《精准思政视角下新时代高职院校"四史"教育路径论析》，《学校党建与思想教育》2021 年第 1 期。

[14] 杜坤林：《高校道德教育中的责任担当教育》，《高校理论战线》2012 年第 1 期。

[15] 冯刚、张欣：《深刻把握思想政治理论课理论性与实践性相统一的价值意蕴》，《新疆师范大学学报》（哲学社会科学版）2019 年第 5 期。

[16] 冯景源:《唯物史观理论基础再研究》,《新视野》2002 年第 6 期。

[17] 付安玲:《思想政治教育"立德树人"价值唯物史观确证的三个维度》,《学校党建与思想教育》2017 年第 11 期。

[18] 龚培河、万丽华:《究竟哪一个是社会历史发展的动力——对马克思主义动力论的逻辑考察》,《学术月刊》2006 年第 11 期。

[19] 郭国祥、郑放:《从"四史"学习教育中汲取斗争智慧》,《理论月刊》2021 年第 5 期。

[20] 郭丽双、崔立颖:《重塑历史观与价值观:俄罗斯高校思想政治教育的理性回归及启示》,《马克思主义与现实》2018 年第 2 期。

[21] 郭艳君:《论社会基本矛盾转换的内在机制及重要意义》,《学术交流》2018 年第 10 期。

[22] 韩菲:《"四史"教育筑牢爱国主义的思想堡垒》,《广西社会科学》2021 年第 4 期。

[23] 韩华、王树荫:《唯物史观视野中的思想政治教育理论创新》,《马克思主义研究》2011 年第 11 期。

[24] 韩升:《唯物史观视域内历史虚无主义的现代性批判》,《马克思主义与现实》2020 年第 2 期。

[25] 郝贵生:《论群众史观理论的方法论意义》,《马克思主义研究》2005 年第 5 期。

[26] 黄凯峰:《以科学的历史观指导历史评价——兼评历史虚无主义思潮》,《毛泽东邓小平理论研究》2006 年第 2 期。

[27] 黄庆胜:《雷锋精神与大学生共同理想教育》,《思想理论教育导刊》2012 年第 9 期。

[28] 黄蓉生、胡红梅:《基于抗击疫情视域的大学生责任担当教育略论》,《思想政治教育研究》2020 年第 5 期。

[29] 贾高建:《历史唯物主义与历史虚无主义:历史观层次的相关问题》,《马克思主义与现实》2017 年第 3 期。

[30] 旷三平:《"社会存在论":抑或一种唯物史观的现代假说》,《马克

思主义研究》2006 年第 3 期。

[31] 赖大仁：《当代文学批评的社会历史观问题》，《山东社会科学》2013 年第 1 期。

[32] 赖雄麟、邵晓军：《马克思主义历史观视角下的思想政治教育个体价值之维》，《学校党建与思想教育》2014 年第 17 期。

[33] 兰涵旗、余斌：《从"知情意行"维度加强高校爱国主义教育探析》，《学校党建与思想教育》2020 年第 20 期。

[34] 李呈、陈勇：《群众路线方法论在思想政治教育中的运用探析》，《思想教育研究》2019 年第 12 期。

[35] 李春丽、龚超、邓光远：《当代德日青年历史观教育之启示》，《中国青年研究》2014 年第 6 期。

[36] 李丹、徐晓风：《"四史"教育与高校思想政治理论课实效性研究》，《思想政治教育研究》2021 年第 1 期。

[37] 李方祥：《划清马克思主义与历史虚无主义界限的几个问题》，《思想理论教育导刊》2010 年第 8 期。

[38] 李洁：《论历史观、民族观、国家观、文化观的新时代意涵》，《高校马克思主义理论研究》2019 年第 4 期。

[39] 李琳：《俄罗斯爱国主义历史教育重构及其启示》，《马克思主义研究》2017 年第 7 期。

[40] 李明：《坚持唯物史观 贯彻群众路线》，《理论探索》2014 年第 2 期。

[41] 李平：《弘扬雷锋精神 推进大学生思想道德建设》，《中国高等教育》2013 年第 6 期。

[42] 李松林、王秀刚：《简论加强大学生历史观教育》，《思想教育研究》2012 年第 6 期。

[43] 李艳艳：《当前历史虚无主义思潮的新特征》，《思想教育研究》2015 年第 7 期。

[44] 梁钦、王燕妮：《红色电影融入高校"四史"教育的思考》，《电影新作》2021 年第 1 期。

［45］梁柱：《谈谈划清两种历史观的问题》，《思想理论教育导刊》2010
年第 8 期。

［46］刘保国：《马克思的阶级理论研究》，《科学社会主义》2004 年第
5 期。

［47］刘传德：《借鉴国外历史教育经验的思考》，《史学史研究》1998 年
第 4 期。

［48］刘建军：《论高校思想政治理论课教育教学的"八个统一"》，《教
学与研究》2019 年第 7 期。

［49］刘曙光：《准确把握唯物史观的出发点》，《湖北大学学报》（哲学社
会科学版）2001 年第 1 期。

［50］刘子瑛、曹光章：《论马克思主义的社会形态理论》，《求索》2012
年第 4 期。

［51］卢黎歌、程馨莹：《如何认识和分析历史虚无主义思潮》，《西安交通
大学学报》（社会科学版）2014 年第 6 期。

［52］吕百利：《刍论当代大学生正确历史观的培养》，《理论导刊》2015
年第 8 期。

［53］吕其镁、张嘉娣：《加强大学生马克思主义历史观教育论析》，《思想
理论教育导刊》2017 年第 1 期。

［54］马振江：《对历史虚无主义"虚无"的批判——兼论历史唯物主义在
新时代的坚持和发展》，《马克思主义研究》2020 年第 2 期。

［55］梅荣政、杨军：《历史虚无主义重新泛起的透视》，《马克思主义研
究》2005 年第 5 期。

［56］梅荣政：《实践观、唯物史观与群众路线教育实践论析》，《学校党建
与思想教育》2013 年第 24 期。

［57］孟丹、冉苒：《大学生"责任担当"素养培养路径探析》，《理论月
刊》2017 年第 7 期。

［58］牟成文、冯连军：《马克思群众思想的创立与社会主义从空想到科学
的发展》，《社会主义研究》2017 年第 5 期。

[59] 潘学良：《关于"四个自信"教育贯穿高校思想政治理论课教学全过程的思考》，《思想理论教育导刊》2016 年第 10 期。

[60] 荣剑：《论历史观与历史价值观——对中国史学理论若干前提性问题的再认识》，《中国社会科学》2010 年第 1 期。

[61] 沈建勇、邱立生：《基于弘扬社会正能量分析大学生道德素养提升途径》，《中国教育学刊》2015 年第 S1 期。

[62] 叔贵峰、段晓昱：《马克思对青年黑格尔派实现的历史观变革》，《求是学刊》2017 年第 1 期。

[63] 孙文沛、傅安洲：《中德两国二战历史教育比较及启示》，《理论月刊》2014 年第 2 期。

[64] 田心铭：《论阶级斗争理论在历史唯物主义中的地位和当代价值》，《马克思主义研究》2014 年第 11 期。

[65] 汪力平、冷树青：《社会基本矛盾与世界历史现象》，《南昌大学学报》（人文社会科学版）2015 年第 5 期。

[66] 王峰明：《生产力："是什么"与"什么是"——从"系统论"看马克思的"生产力"理论》，《上海财经大学学报》2009 年第 6 期。

[67] 王和：《实事求是是唯物史观的基本原则——以"五种社会形态理论"为中心的探讨》，《史学月刊》2008 年第 11 期。

[68] 王立胜、王清涛：《解决民族问题的精神力量：正确的国家观、历史观、民族观——学习习近平总书记关于民族问题的重要论述》，《理论学刊》2015 年第 5 期。

[69] 王衍哉、郭凤志：《历史虚无主义理论前提的三重维度批判》，《思想教育研究》2020 年第 3 期。

[70] 王玉：《高校思想政治理论课"四史"教学的整体性及其实践路径》，《思想教育研究》2021 年第 1 期。

[71] 吴宏政、徐中慧：《马克思"世界历史"概念的三重内涵》，《江苏社会科学》2021 年第 3 期。

[72] 吴英：《驳历史虚无主义中的几个主要观点》，《新疆师范大学学报》（哲学社会科学版）2015 年第 5 期。

[73] 吴照玉：《马克思、恩格斯如何批判和克服历史虚无主义》，《思想理论教育导刊》2015 年第 5 期。

[74] 肖文燕、罗春喜：《习近平关于"四史"学习重要论述的精神实质》，《江西财经大学学报》2020 年第 6 期。

[75] 谢晓娟：《从"四史"中汲取奋发前行的磅礴力量》，《红旗文稿》2020 年第 19 期。

[76] 辛向阳、朱大鹏：《坚定"四个自信"，青年不能"缺位"》，《人民论坛》2017 年第 14 期。

[77] 熊文景：《共产党人应坚持正确历史观》，《党建》2018 年第 12 期。

[78] 徐斌：《马克思关于"现实的人"的思想及其当代意义》，《中共中央党校学报》2013 年第 1 期。

[79] 宣小红、史保杰：《教育学研究的热点与未来展望——对 2020 年度人大复印报刊资料〈教育学〉转载论文的分析》，《教育研究》2021 年第 3 期。

[80] 杨婷婷、马超：《党的群众路线在思想政治教育中的价值》，《思想教育研究》2017 年第 2 期。

[81] 杨延圣、郑斐然：《"四史"教育融入高校思政教育的现实需求与路径优化》，《学术探索》2021 年第 5 期。

[82] 杨彦京、杜莹：《高校唯物史观教育教学存在的问题及对策》，《河北师范大学学报》（教育科学版）2018 年第 2 期。

[83] 虞志坚：《"四史"教育融入高校思想政治理论课教学的三重逻辑》，《江淮论坛》2020 年第 6 期。

[84] 袁杰：《论物质劳动、精神劳动与两种历史观的关联》，《史学月刊》2016 年第 7 期。

[85] 袁杰：《马克思"现实的个人"视域下唯物史观与唯心史观的区别》，《社会科学家》2015 年第 10 期。

［86］张二芳：《高校开展理想信念教育须处理好四个关系》，《思想理论教育导刊》2013 年第 3 期。

［87］张竑：《唯物史观视野下的历史虚无主义批判》，《理论月刊》2018 年第 1 期。

［88］张文军、节仁：《论社会历史发展的动力系统》，《山东社会科学》2005 年第 2 期。

［89］张英琇：《以唯物史观为基础构建整体思想政治教育观》，《思想教育研究》2021 年第 1 期。

［90］张志丹：《围绕立德树人加强"四史"教育》，《红旗文稿》2021 年第 4 期。

［91］赵卯生：《新时代持续推进"四史"教育的科学路径》，《人民论坛》2021 年第 Z1 期。

［92］郑冬芳、王宏波：《论马克思"人的本质"思想的形成过程和发展脉络》，《教学与研究》2009 年第 2 期。

［93］郑洁、李晏沄：《新时代青年爱国主义教育面临的挑战及对策》，《学校党建与思想教育》2021 年第 1 期。

［94］钟澳、戴钢书：《中国传统历史观教育的经验及其启示》，《学校党建与思想教育》2019 年第 10 期。

［95］邹诗鹏：《马克思的社会存在概念及其基础性意义》，《中国社会科学》2019 年第 7 期。

英文参考文献

［1］David McLellan, *Marxism after Marx* (Fourth Edition: Palgrave Macmillan, 2007).

［2］Lucio Colletti, *Marxism and Hegel* (London: NLB, 1973).

［3］Michael Whelan, *Why The Study of History Should be the Core* (In E. Wayne Ross, The Social Studies Curriculum, State University of New York Press, 2001).

［4］ Terry Eagleton, *Why Marx was Right* (New Haven: Yale University Press, 2011).

［5］ White Hayden, *Metahistory: The Historical Imagination in Nineteenth-Century Europe* (Baltimore: Johns Hopkins University Press, 1973).

图书在版编目（CIP）数据

大学生马克思主义历史观教育研究／冯春著．
北京：社会科学文献出版社，2025.6. --ISBN 978-7
-5228-5348-2

Ⅰ. B03

中国国家版本馆 CIP 数据核字第 2025L6A402 号

大学生马克思主义历史观教育研究

著　　者／冯　春

出 版 人／冀祥德
组稿编辑／曹义恒
责任编辑／朱　月
文稿编辑／田正帅
责任印制／岳　阳

出　　版／社会科学文献出版社·马克思主义分社（010）59367126
　　　　　地址：北京市北三环中路甲 29 号院华龙大厦　邮编：100029
　　　　　网址：www.ssap.com.cn
发　　行／社会科学文献出版社（010）59367028
印　　装／三河市龙林印务有限公司

规　　格／开本：787mm×1092mm　1/16
　　　　　印张：11.5　字数：169 千字
版　　次／2025 年 6 月第 1 版　2025 年 6 月第 1 次印刷
书　　号／ISBN 978-7-5228-5348-2
定　　价／89.00 元

读者服务电话：4008918866

▲ 版权所有 翻印必究